U0945013

GONGLU GONGCHENG ZHONG
YANTU GONGCHENG SHEJI SHIYONG ZHINAN

欧阳仲春　吴文雪　编著

公路工程中
岩土工程设计实用指南

人民交通出版社
China Communications Press

内 容 提 要

本书重点介绍了公路工程建设中常用的岩土工程设计问题。全书内容共分四章,第一章为边坡工程,包括边坡稳定分析和锚拉格构的计算。第二章为轻型支挡结构,包括桩板式挡土墙、锚杆挡土墙、土钉墙、加筋土挡土墙、预应力锚索抗滑桩等结构的设计与计算,并在“加筋土挡土墙”一节中,首次提出了大厚度墙面的稳定计算内容。第三章为软土地基处理,除搅拌桩、旋喷桩等常规方法外,在“加筋土垫层法与人工硬壳层理念”一节中,提出了路堤加筋地基稳定计算新方法;此外,“桩承加筋土垫层法—刚性桩复合地基”的计算都是新内容,尤其是沉降计算简便可行。第四章为现行岩土工程设计方法及其参数的辨析,可帮助读者对标准值、设计值、容许值、特征值等有一个清晰的概念。书中列有大量设计实例及算例,很适合土建设计人员阅读使用。

本书可作为道路、铁路、建筑、水利水电、市政工程等行业土建人员以及高等院校教学、科研人员的参考用书。

图书在版编目(CIP)数据

公路工程中岩土工程设计实用指南/欧阳仲春,吴文雪编著. —北京 :人民交通出版社,2013.8

ISBN 978-7-114-10586-9

Ⅰ.①公… Ⅱ.①欧… ②吴… Ⅲ.①道路工程—岩土工程—设计—指南 Ⅳ.①U412-62

中国版本图书馆 CIP 数据核字(2013)第 088349 号

书　　名:公路工程中岩土工程设计实用指南
著 作 者: 欧阳仲春　吴文雪
责任编辑: 刘彩云
出版发行: 人民交通出版社
地　　址: (100011)北京市朝阳区安定门外外馆斜街 3 号
网　　址: http://www.ccpress.com.cn
销售电话: (010)59757973
总 经 销: 人民交通出版社发行部
经　　销: 各地新华书店
印　　刷: 北京交通印务实业公司
开　　本: 787×1092　1/16
印　　张: 8.5
字　　数: 156 千
版　　次: 2013 年 8 月　第 1 版
印　　次: 2013 年 8 月　第 1 次印刷
书　　号: ISBN 978-7-114-10586-9
定　　价: 29.00 元
(有印刷、装订质量问题的图书由本社负责调换)

前　言

公路工程建设中要遇到地基、基础、边坡、支挡结构、挖方、填方等岩土工程技术问题，由于岩石和土是大自然产物，它不像钢铁、混凝土等人工材料那样可人为控制，而有许多不确定因素，如岩土体结构及其材料性能的不确定性，裂隙水和孔隙水压力的多变性，岩土体信息的随机性、模糊性和不完善性，信息处理和计算方法的不确切性和不精确性等，因此，刚进入设计单位的毕业生或年轻的土木工程师，面对此类设计问题往往底气不足，不知如何下手，为帮助他们尽快摆脱这种局面，笔者结合工作实践，编撰了本书。书中实例均采集于近几年来的工程实践，具有较强的实用性。

为提升设计者解决实际工程问题的能力，书中还增加大厚度加筋土挡土墙面的计算、人工硬壳层理念——加筋软土路基的稳定计算、刚性桩复合地基的沉降计算等岩土工程中的热点问题，而这些又是岩土工程必须面对的实际问题，但尚无合适的计算办法，本书的方法，值得一试。另外，对于现行设计规范中出现的标准值、设计值、容许值、特征值等，许多设计人员对此懵懵懂懂，本书在第四章中也分别作了辨析和比较，这是每一位土木工程师都应该搞清楚的概念。

本书由欧阳仲春、吴文雪担任主编，具体分工是：第一、二章由欧阳仲春编写，第三、四章由欧阳仲春、吴文雪共同编写。编写中力求使设计者能“依葫芦画瓢”作出设计，当然，也不乏岩土工程设计必须遵循的“理论导向，经验判断”原则。

文中不当之处，望读者不吝指正。

作　者

2013 年 4 月于深圳

目　　录

第一章　边 坡 工 程

第一节　概　　述

一、边坡的认识

边坡一般由坡底、坡角、坡面、坡肩和坡顶组成，见图 1.1。施工中的高边坡及竣工后的高边坡分别见图 1.2 和图 1.3。

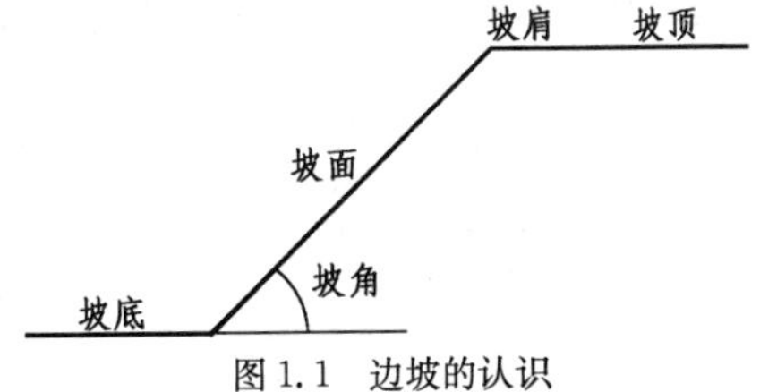

图 1.1　边坡的认识

图 1.2　施工中的某高边坡

图 1.3　竣工后的某高边坡

二、边坡的类型

(1)自然边坡：自然地质作用形成的边坡，如山坡、岸坡。

(2)人工边坡：人为开挖、填筑而成的边坡，如路堑、堤坝。

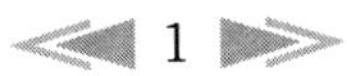

(3)土质边坡:由土构成的边坡。

(4)岩质边坡:由岩石构成的边坡。

(5)永久性边坡:使用年限2年以上。

(6)临时性边坡:使用年限不足2年。

三、边坡工程的安全等级

边坡工程的安全等级是按边坡破坏后的严重性、边坡类型和坡高等因素划定的,其目的是为了确定支护构件(如锚索)受力计算的分项系数。表1.1为《建筑边坡工程技术规范》(GB 50330—2002)所确定的边坡工程安全等级。

边坡工程安全等级　　表1.1

<table>
<tr><th colspan="2">边坡类型</th><th>边坡高度 H(m)</th><th>破坏后果</th><th>安全等级</th></tr>
<tr><td rowspan="8">岩质边坡</td><td rowspan="3">岩体类型
为Ⅰ或Ⅱ类</td><td rowspan="3">$H \leqslant 30$</td><td>很严重</td><td>一</td></tr>
<tr><td>严重</td><td>二</td></tr>
<tr><td>不严重</td><td>三</td></tr>
<tr><td rowspan="5">岩体类型
为Ⅲ或Ⅳ类</td><td rowspan="2">$15 < H \leqslant 30$</td><td>很严重</td><td>一</td></tr>
<tr><td>严重</td><td>二</td></tr>
<tr><td rowspan="3">$H \leqslant 15$</td><td>很严重</td><td>一</td></tr>
<tr><td>严重</td><td>二</td></tr>
<tr><td>不严重</td><td>三</td></tr>
<tr><td colspan="2" rowspan="5">土质边坡</td><td rowspan="2">$10 < H \leqslant 15$</td><td>很严重</td><td>一</td></tr>
<tr><td>严重</td><td>二</td></tr>
<tr><td rowspan="3">$H \leqslant 10$</td><td>很严重</td><td>一</td></tr>
<tr><td>严重</td><td>二</td></tr>
<tr><td>不严重</td><td>三</td></tr>
</table>

四、设计原则

(1)考虑影响边坡稳定的各种因素,如工程地质条件、水文地质条件、边坡高度、坡顶荷载等;

(2)有完整的排水系统;

(3)锚杆和支挡结构按承载能力极限状态设计,采用荷载效应基本组合;

(4)以人为本,尽力维护自然生态环境;

(5)树立"以防为主,防治结合"的地质灾害防患意识;

(6)满足现行规范(程)要求。

第二节　边坡工程基本地质知识

一、边坡工程地质勘察基本要求

1. 要求查明的内容

(1)场地地形地貌特征；

(2)岩土的类型、成因、性状以及岩土出露的厚度、基岩面的形态和坡度、岩石的风化程度；

(3)主要结构面(特别是软弱结构面)的类型及等级、产状、发育程度、延伸程度、闭合程度、风化程度、充填状况、充水状况、组合关系、力学属性和临空面关系；

(4)地下水的类型、水位、水压、水量补给和动态变化，岩土的透水性以及地下水的出露情况和腐蚀性；

(5)不良地质现象的范围和性质；

(6)地区的气象条件(特别是雨期、降雨量及强度、坡面植被、水对坡面坡脚的冲刷情况)及其对坡体稳定性的影响；

(7)边坡邻近建(构)筑物的荷载、结构、基础形式及埋深，地下设施的分布及埋深。

2. 要求提供的参数

(1)边坡的最优开挖坡形和坡率；

(2)验算边坡稳定性、变形和设计所需的边坡岩、土的物理力学性质指标与计算参数值，如每层岩土的 c、φ 值和地基系数随深度变化的比例系数 m 值以及锚固体与岩土的黏结强度 τ 值等。

3. 勘探点布置

(1)勘探线应垂直于边坡走向，勘探范围应不小于设计坡高(即坡脚处开挖深度)的 1.5 倍；钻孔深度应低于路基面以下 5m，或进入中风化岩层不小于 5m。

(2)勘探线间距 20～30m，勘探点间距 25m，每条勘探线上的勘探点不少于 3 个。

(3)钻孔布置并附图。

4. 提交成果

(1)工程地质详勘报告(必须包含边坡稳定性评价，并提出潜在的不稳定边坡整治措施的建议)；

(2)边坡工程地质平面图(1∶500～1∶1000)，可利用线路平面图绘制；

(3)与路基横断面相对应的工程地质横剖面图(1∶200)；

(4)提交的成果均应有电子文本。

二、第四纪堆积物的特征

第四纪堆积物的特征见表 1.2。

第四纪堆积物的特征 表 1.2

成因类型	堆积方式与条件	堆积物特征
残积	岩石经风化作用而残留在原地的碎屑堆积物	碎屑物自表层向深处由细变粗，一般不具层理，碎块多呈棱角状，土质不均，具有较大孔隙，山坡顶部厚度较薄，低洼处较厚
坡积或崩积	风化碎屑物由雨水或融雪水沿斜坡搬运，或由本身重力作用堆积在斜坡上或坡脚处而成	碎屑物岩性成分复杂，与高处的岩性组成有直接关系，从坡上往下碎屑变细，分选性差，层理不明显，斜坡较陡处厚度较薄，坡脚处较厚
洪积	由暂时性洪流将山区或高地的大量风化碎屑携带至沟口或平缓地带堆积而成	颗粒具有分选性，但往往大小混杂，碎屑多呈亚棱角状，冲积扇顶部颗粒较粗，层理紊乱交错，边缘处颗粒较细，层理清楚，高山区或高地处厚度较大
冲积	由长期的地表水流搬运，在河流阶地、冲积平原和三角洲地带堆积而成	河流上游颗粒较粗，下游变细，分选性及磨圆度均好，层理清楚，厚度较稳定

三、岩体结构

岩体结构面与结构体见图 1.4。

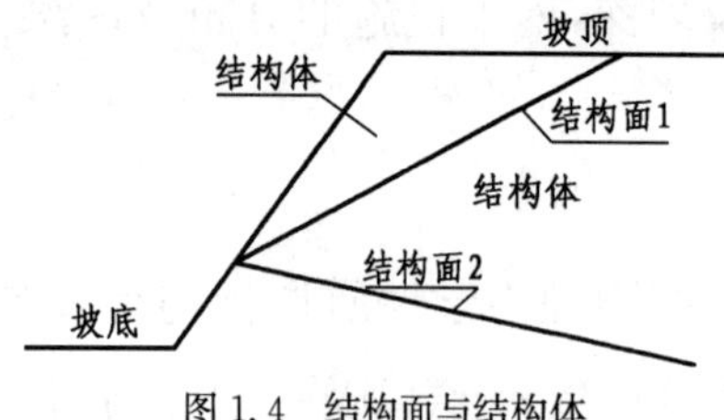

图 1.4 结构面与结构体

结构面：指岩体中各种地质界面，包括物质分界面和不连续面，也可将裂隙概化为结构面。

结构体：各种结构面将岩体切割而成的单元体。

岩体结构的类型及其特征见表 1.3。

岩体结构的类型及其特征 表 1.3

岩体结构类型	岩体地质类型	主要结构体形状	结构面发育情况	岩土工程特征	可能发生的岩土工程问题
整体状结构	巨块状岩浆岩、变质岩、巨厚层沉积岩	巨块状	以层面和原生结构节理为主，结构面间距大于 1.5m，无危险结构面组成的落石、掉块	整体强度高，岩体稳定，可视为均质弹性各向同性体	要注意由结构面组合而成的不稳定结构体的局部滑动或坍塌，对深埋峒室要注意岩爆
块状结构	厚层状沉积岩、块状岩浆岩、变质岩	块状 柱状	具有少量贯穿性节理裂隙，结构面间距 0.7～1.5m，有少量分离体	整体强度较高，结构面互相牵制，岩体基本稳定，接近均质弹性各向同性体	
层状结构	多韵律的薄层及中厚层状沉积岩、副变质岩	层状 板状	层理、片理、节理裂隙，以风化裂隙为主，常有层间错动面	岩体接近均一的各向异性体，变形及强度特性受层面控制，可视为弹塑性体，稳定性较差	可沿结构面滑塌，可产生塑性变形

续上表

岩体结构类型	岩体地质类型	主要结构体形状	结构面发育情况	岩土工程特征	可能发生的岩土工程问题
破碎状结构	构造影响严重的破碎岩层	碎块状	层理及层间结构面发育,结构面间距 0.25～0.5m,一般在 3 组以上,有许多分离体	完整性破坏较大,整体强度很低,并受软弱结构面控制,稳定性很差	易引起规模较大的岩块失稳,地下水加剧岩体失稳
散体状结构	断层破碎带、强风化及全风化带	碎屑状	构造及风化裂屑密集,结构面错综复杂,并多充填黏性土形成无序小块和碎屑	完整性遭到极大破坏,稳定性极差,岩体接近松散体介质	

四、裂隙(节理)

裂隙(节理)是两侧岩块没有显著位移的小型断裂构造。裂隙发育程度及对工程的影响见表 1.4。

裂隙发育程度及对工程的影响 表 1.4

发育程度	基本特征	对工程的影响
裂隙较发育	裂隙 2～3 组,较规则,多数间距大于 0.4m,少有填充物,岩体被切割成大块状	对基础工程影响不大,对其他工程可能产生相当影响
裂隙发育	裂隙 3 组以上,不规则,多数间距小于 0.4m,部分有填充物,岩体被切割成小块状	产生很大影响
裂隙很发育	裂隙 3 组以上,杂乱,多数间距小于 0.2m,一般有填充物,岩体被切割成碎石状	产生严重影响

五、岩石分类

按风化程度,岩石分类情况见表 1.5。

岩石分类情况 表 1.5

风化程度	结构与构造	破碎程度	强度
未风化	保持岩体的原有结构、构造	除构造裂隙外,不见其他裂隙	保持岩石原有强度
微风化	结构、构造未变	有少数风化裂隙,但不易与新鲜岩石区别	比新鲜岩石略低,但不易区别
中等风化	结构、构造大部分完好	风化裂隙发育,完整性较差	抗压强度仅为新鲜岩石的 1/3～2/3
强风化	结构、构造大部分破坏	岩块上裂纹密布,岩体呈干砌块石状,疏松易碎,完整性很差	抗压强度仅为新鲜岩石的 1/3
全风化	结构、构造完全破坏,矿物晶粒间失去胶结联系,石英松散成砂	用手可折断、捏碎	很低

第三节　边坡稳定性分析

一、边坡失稳的形态

1. 滑坡(landslide)

(1)圆弧滑动:发生于黏性土、碎裂结构岩质边坡。

(2)直线形滑动:发生于砂土边坡。

(3)沿界面滑动:沿软弱结构面(裂隙)或岩土分界面滑动。

(4)折线滑动面:发生于岩质边坡。

2. 崩塌(collapse)

巨大岩块突然脱离母体向下倾倒、翻滚、崩落的现象。

二、边坡失稳的原因

内因:岩土性质、岩层结构、构造。

外因:人为活动、降雨、震动。

三、稳定分析的目的

稳定分析的目的是确定合理的边坡形状(坡高、坡率)及所需支护力。

四、边坡稳定分析方法

常用边坡稳定分析方法有圆弧滑动法、推力传递系数法、数值分析法。

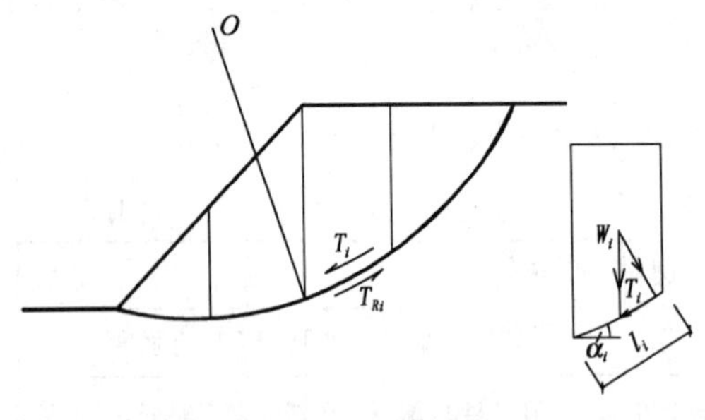

图 1.5　圆弧滑动计算图示

1. 圆弧滑动法

1)原理及计算图示(见图 1.5)

(1)假定边坡的滑动面为圆弧,滑动体绕圆心旋转下滑;

(2)按平面受力问题考虑滑面上的静力平衡。

2)边坡稳定系数定义表达式

$$K_S = \text{抗滑力矩}\ M_R / \text{下滑力矩}\ M_S \tag{1.1}$$

3)稳定系数的求解

采用条分法分析单个土条滑面上的受力,但不考虑条间力的作用,则整个边坡稳定系数计算式为

$$K_S = \sum(W_i \cos\alpha_i \tan\varphi_i + c_i l_i)/\sum W_i \sin\alpha_i \tag{1.2}$$

式中：W_i——第 i 块土条重；

c_i、φ_i——第 i 块土滑面上的黏聚力、内摩擦角，均取标准值；

l_i——第 i 块土条滑面长。

4)计算软件

常用计算软件有理正岩土计算、GEO-SLOPE Office 等。

2. 推力传递系数法

1)原理及计算图示(见图 1.6)

(1)当边坡由多层岩土或不同结构面组成时，假定边坡的滑动面为折线形；

(2)滑动体由若干刚性铅直条块构成，由后向前传递下滑力作整体滑动，不计两侧摩阻力，但考虑与滑面平行的条间下滑力；

(3)按平面受力问题考虑滑面上的静力平衡。

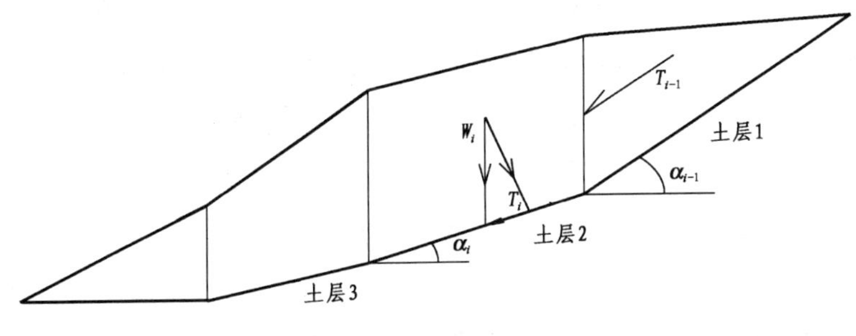

图 1.6　折线滑动计算图示

2)滑坡稳定系数计算表达式

$$K_S = \frac{\sum T_{Ri}\psi_i\psi_{i+1}\cdots\psi_{n-1} + T_{Rn}}{\sum T_i\psi_i\psi_{i+1}\cdots\psi_{n-1} + T_n} \tag{1.3}$$

其中，阻滑力　$T_{Ri} = c_i l_i + R_i \tan\varphi_i$　(1.4)

$$R_i = W_i \cos\alpha_i$$

下滑力　$T_i = W_i \sin\alpha_i$　(1.5)

式中：c_i——第 i 块土滑面的黏聚力；

l_i——第 i 块土条滑面长；

φ_i——第 i 块土滑面上的内摩擦角；

ψ_i——传递系数。

$$\psi_i = \cos(\alpha_{i-1} - \alpha_i) - \sin(\alpha_{i-1} - \alpha_i)\tan\varphi_i \tag{1.6}$$

其他符号意义见图 1.7。

显然，传递系数不能大于 1，如大于 1，也只能取 1。具体计算过程详见下述计算实例。

K_S 为边坡的整体稳定系数，是最后一个滑块的阻滑力(T_{Rn})加上上面所有滑块传递下来的阻滑力与最后一个滑块的下滑力(T_n)加上上面所有滑块传递下来的下滑力之比。边坡的整体稳定系数应满足要求，如不满足要求，应计算最后一个滑块的剩余下滑力。

3)剩余下滑力计算表达式的建立(见图 1.7)

在平面问题中，以条块的底边为 X 轴，则：

$$\sum X = 0 \quad T_{is} + T_{Ri} - W_i \sin\alpha_i - T_{i-1}\cos(\alpha_{i-1} - \alpha_i) = 0 \tag{1.7}$$

$$\sum Y = 0 \quad R_i - W_i \cos\alpha_i - T_{i-1}\sin(\alpha_{i-1} - \alpha_i) = 0 \tag{1.8}$$

将式(1.4)代入式(1.7)，然后联解消去 R_i，即可得第 i 块土的剩余下滑力 T_{is}。

$$T_{is} = F_s \times W_i \sin\alpha_i + T_{i-1}\psi_i - W_i \cos\alpha_i \tan\varphi_i - c_i l_i \tag{1.9}$$

在实际工程中，按式(1.3)求得的稳定系数往往大于 1，则剩余下滑力为零或负值，但不一定满足规范要求。因此，实际工程中采用了下滑力超载安全系数，以增大剩余下滑力，如式(1.9)中的 F_s，并以此 T_{is}作为设计所需要的支挡力，详见下述实例。

4)计算软件

常用计算软件有理正岩土计算、电子表格(Excel)。

5)计算实例

某边坡如图 1.8 所示，现采用传递系数法，计算剩余下滑力和稳定系数，具体计算过程见表 1.6。

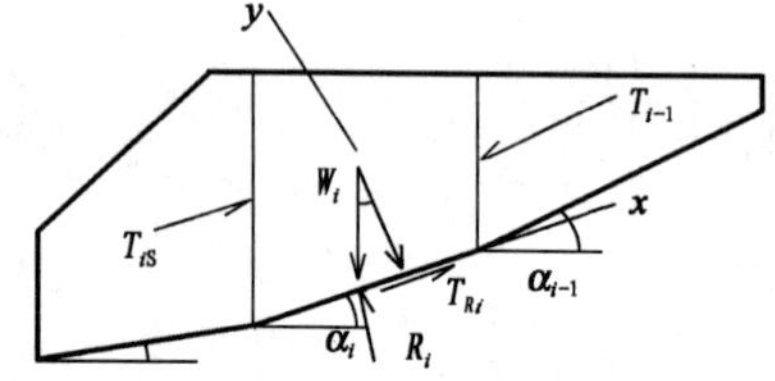

图 1.7　传递系数法受力分析

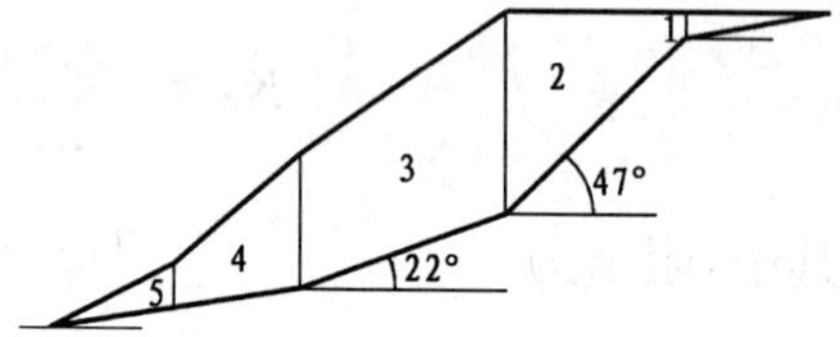

图 1.8　传递系数法计算实例示意图

将式(1.3)中的传递系数写成连乘形式，则稳定系数为：

$$K_S = \frac{\sum_{i=1}^{n-1}(T_{Ri} \times \Pi\psi_i) + T_{Rn}}{\sum_{i=1}^{n-1}(T_i \times \Pi\psi_i) + T_n}$$

表中计算结果表明，边坡加固前的稳定系数 K_S=1.09，不满足规范要求。为此，采用下滑力超载安全系数计算剩余下滑力，具体计算过程见表 1.7。

在边坡的最下面两级设锚杆(索)，使其锚固力大于剩余下滑力 1005.21kN，即从表 1.6 的第⑪项中扣除 1300kN(即 1121.8+237.4−59.2)，则加固后的稳定系数为 1.36。

表 1.6

传递系数法计算滑坡加固前稳定系数

块　号	重度 γ	滑块面积 A	滑块重 W_i	滑面倾角 α_i	c_i	块底边长 l_i	φ_i	$\alpha_{i-1}-\alpha_i$	$c_i \times l_i$	$\tan\varphi_i$
			①	②	③	④	⑤	⑥	⑦	⑧
1	18.6	90.2	1677.72	11	20	13.9	18		278	0.32492
2	18.6	287.8	5353.08	47	20	34.2	18	−36	684	0.32492
3	18.6	377.5	7021.50	22	20	19.4	18	25	388	0.32492
4	18.5	349.2	6460.20	10	20	24.8	18	12	496	0.32492
5	18.5	73.9	1367.15	10	20	10	18	0	200	0.32492
									2046	

$R_i=W_i \times \cos\alpha_i$	$R_i \times \tan\varphi_i$	$T_i=W_i \times \sin\alpha_i$	ψ_i	$\Pi\psi_{i=1\sim5}$	$\Pi\psi_{i=2\sim5}$	$\Pi\psi_{i=3\sim5}$	$\Pi\psi_{i=4\sim5}$	$T_{Ri} \times \Pi\psi_i$	加固前稳定系数 K_s	$T_i \times \Pi\psi_i$
⑨	⑩	⑪	⑫	⑬	⑭	⑮	⑯	⑰=(⑦+⑩)×⑬～⑯	⑱=(⑰$_{1\sim4}$+⑦$_5$+⑩$_5$)/(⑲$_{1\sim4}$+⑪$_5$)	⑲=⑪×⑬～⑯
1646.90	535.11	320.12	1	0.700238				569.37		224.16
3650.79	1186.21	3914.99	1		0.700238			1309.59		2741.43
6510.22	2115.30	2630.30	0.768991			0.700238		1752.90		1841.84
6362.06	2067.16	1121.80	0.910593				0.910593	2333.99		1021.51
1346.38	437.47	237.40	1							
	6341.25	8224.61						5965.85	1.09	5828.94

传递系数法计算加安全系数后剩余下滑力 表 1.7

块 号	重度 γ	滑块面积 A	滑块重 W_i	滑面倾角 α_i	c_i	块底边长 l_i	φ_i	$\alpha_{i-1}-\alpha_i$	$c_i \times l_i$	$\tan\varphi_i$
			①	②	③	④	⑤	⑥	⑦	⑧
1	18.6	90.2	1677.72	11	20	13.9	18	0	278	0.32492
2	18.6	287.8	5353.08	47	20	34.2	18	−36	648	0.32492
3	18.6	377.5	7021.50	22	20	19.4	18	25	388	0.32492
4	1805	349.2	6460.20	10	20	24.8	18	12	496	0.32492
5	18.5	73.9	1367.15	10	20	10	18	0	200	0.32492
									2046	
$R_i=W_i\times\cos\alpha_i$	$R_i\times\tan\varphi_i$	$T_i=W_i\times\sin\alpha_i$	$F_s\times T_i$	ψ_i	加 F_s 前 $\psi_i\times T_{i-1}$	加 F_s 前剩余下滑力 T_{i-1}	加 F_s 后 $\psi_i\times T_{i-1}$	加 F_s 后剩余下滑力 T_{i-1}		
⑨	⑩	⑪	⑫=1.2×⑪	⑬	⑭=⑬×$⑮_{i-1}$	⑮=⑪+⑭−⑦−⑩	⑯=⑬×$⑰_{i-1}$	⑰=⑫+⑯−⑦−⑩		
1646.90	535.11	320.12	384.149	1	0	−492.99	0	−428.96		
3650.79	1186.21	3914.99	4697.994	1	0	2080.78	0	2827.78		
6510.22	2115.30	2630.30	3156.360	0.768991	1572.418	1699.42	2174.537	2827.60		
6362.06	2067.16	1121.80	1346.162	0.910593	1547.479	106.12	2574.791	1357.80		
1346.38	437.47	237.40	284.884	1	106.124	−293.94	1357.796	1005.21		

注:1. 当上一级下滑力为负值时,无力下传,取为零,参与本级计算。

2. 最后一个条块加 F_s 后的剩余下滑力 1005.21kN,应作为加固力以设置支挡结构,即将此力从边坡原有下滑力中扣除,重新计算边坡加固后的整体稳定系数,见表 1.8。

表 1.8

传递系数法计算滑坡加固后稳定系数

块　号	重度 γ	滑块面积 A	滑块重 W_i	滑块倾角 α_i	c_i	块底边长 l_i	φ_i	$\alpha_{i-1}-\alpha_i$	$c_i \times l_i$	$\tan\varphi_i$
			①	②	③	④	⑤	⑥	⑦	⑧
1	18.6	90.2	1677.72	11	20	13.9	18	278	278	
2	18.6	287.8	5353.08	47	20	34.2	18	−36	684	0.32492
3	18.6	377.5	7021.50	22	20	19.4	18	25	388	0.32492
4	18.5	349.2	6460.20	10	20	24.8	18	12	496	0.32492
5	18.5	73.9	1367.15	10	20	10	18	0	200	0.32492
									2046	
$R_i=W_i \times \cos a_i$	$R_i \times \tan\varphi_i$	$T_i=W_i \times \sin a_i$	ψ_i	$\Pi\psi_{i=1\sim5}$	$\Pi\psi_{i=2\sim5}$	$\Pi\psi_{i=3\sim5}$	$\Pi\psi_{i=4\sim5}$	$T_{Ri} \times \Pi\psi_i$	加固后稳定系数 K_S	$T_i \times \Pi\psi_i$
⑨	⑩	⑪	⑫	⑬	⑭	⑮	⑯	⑰=(⑦+⑩)×⑬	⑱=(⑰$_{1\sim4}$+⑦$_5$+⑩$_5$)/(⑲$_{1\sim4}$+⑪$_5$)	⑲=⑪×⑬～⑯
1646.90	535.11	320.12	1	0.700238				569.37		224.16
3650.79	1186.21	3914.99	1		0.700238			1309.59		2741.43
6510.22	2115.30	2630.30	0.768991			0.700238		1752.90		1841.84
6362.06	2067.16	59.20	0.910593				0.910593	2333.99		53.91
1346.38	437.47	0.00	1							
	6341.25	6924.61						5965.85	1.36	4861.34

6)潜在折线形滑动面的确定(见图1.9)

(1)按岩体结构面确定。

(2)按不同岩土类别的稳定坡率确定。

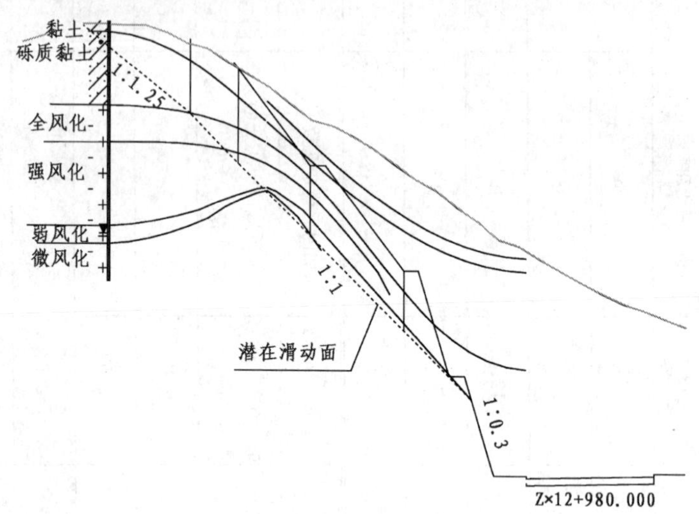

图1.9 折线形潜在滑动面的确定

3.数值分析法

常见数值分析法有有限元法、离散元法及采用计算机软件(如ANSYS CivilFEM和ADINA)分析法。

五、关于稳定系数的规定

(1)依据《建筑边坡工程技术规范》(GB 50330—2002),边坡稳定安全系数见表1.9。

边坡稳定安全系数 表1.9

计算方法	一级边坡	二级边坡	三级边坡
平面滑动法	1.35	1.3	1.25
折线滑动法			
圆弧滑动法	1.3	1.25	1.2

(2)依据《公路路基设计规范》(JTG D30—2004),路堑边坡稳定安全系数见表1.10。

路堑边坡稳定安全系数 表1.10

设计工况	高速、一级公路	二级及其以下公路
天然工况	1.2～1.3	1.15～1.25
暴雨工况	1.1～1.2	1.05～1.15
地震工况	1.05～1.1	1.02～1.05

六、岩土计算参数的确定

(1)按地勘报告确定;

(2)按稳定系数等于1.05或1.1反算,然后将参数折减0.85左右。

第四节　边 坡 设 计

一、设计内容

1. 边坡形状

1)直线形

坡高10m以内,土质均匀的边坡,所谓一坡到顶。

2)台阶形

(1)坡高大于12m,台阶高8～10m,台阶宽2m,困难条件下,石质边坡台阶宽可适当减少;

(2)对于由多层岩土构成的边坡,岩土界面处宜设台阶。

2. 边坡坡率

土质边坡坡率允许值见表1.11。

土质边坡坡率允许值　　表1.11

边坡土体类别	状　态	坡率允许值	
		坡高小于5m	坡高5～10m
碎石土	密实	1:0.35～1:0.5	1:0.5～1:0.75
	中密	1:0.5～1:0.75	1:0.75～1:1
	稍密	1:0.75～1:1	1:1～1:1.25
黏性土	坚硬	1:0.75～1:1	1:1～1:1.25
	硬塑	1:1～1:1.25	1:1.25～1:5

岩质边坡(无外倾结构面时)坡率允许值见表1.12。

岩质边坡坡率允许值　　表1.12

岩体类型	风化程度	坡率允许值		
		$H<8$m	8m$\leqslant H<$15m	15m$\leqslant H<$25m
Ⅰ类	微风化	1:0～1:0.1	1:0.1～1:0.15	1:0.15～1:0.25
	中风化	1:0.1～1:0.15	1:0.15～1:0.25	1:0.25～1:0.35
Ⅱ类	微风化	1:0.1～1:0.15	1:0.15～1:0.25	1:0.25～1:0.35
	中风化	1:0.15～1:0.25	1:0.25～1:0.35	1:0.35～1:0.5
Ⅲ类	微风化	1:0.25～1:0.35	1:0.35～1:0.5	
	中风化	1:0.35～1:0.5	1:0.5～1:0.75	
Ⅳ类	中风化	1:0.5～1:0.75	1:0.75～1:1	
	强风化	1:0.75～1:1		

注:H为坡高。

对于多层岩土边坡,可按不同坡率放坡。

3. 边坡排水系统

边坡排水系统有:

(1)坡顶截水沟。

(2)平台排水沟。

(3)竖向跌水沟、集水井。

(4)坡脚侧沟(道路边沟)。

(5)仰斜式排水孔:孔径 75～150mm,仰角不小于 6°,内插钢塑软式透水管或速排龙。

钢塑软式透水管是以防锈弹簧圈支撑管体,形成高抗压软式结构,无纺布内衬过滤,使泥沙杂质不能进入管内,从而达到净渗水的功效,其技术指标见表 1.13。丙纶丝外绕被覆层具有优良吸水性,能迅速收集土体中多余水分。橡胶筋使管壁被覆层与弹簧钢圈管体成为有机一体,具有很好的全方位透水功能,渗透水能顺利渗入管内,而泥沙杂质被阻挡在管外,从而达到透水、过滤、排水一气呵成的目的。

钢塑软式透水管技术指标 表 1.13

类型/规格	内径(mm)	钢线密度(卷数/m)	钢线直径(mm)	标准长度(m)
BYRT-ϕ38	38	55	1.6	200
BYRT-ϕ50	50	50	2.0	150
BYRT-ϕ80	80	40	2.0	80
BYRT-ϕ100	100	34	2.6	60
BYRT-ϕ150	150	25	3.5	50
BYRT-ϕ200	200	19	4.5	35

4. 边坡绿化

(1)湿法喷播:以水为载体,喷播种子,适用于土坡。

(2)客土混植生喷播:以客土为载体,喷播混植生种子,适用于岩质边坡。

对于岩质边坡的绿化,可参考图 1.10 设计。

二、设计步骤

(1)收集道路平、纵、横设计图。

(2)收集边坡专项地质勘察资料。

(3)初拟设计边坡典型横断面图。

(4)上机计算,调整有关参数及初拟横断面图,形成计算书。

(5)绘图。

①边坡平面设计图:以道路平面图为基础,绘制边坡设计平面图,主要内容如下。

a. 边坡的平面投影,包括各级平台、边坡轮廓界面线和主要变化点的坐标、设计边坡的起止里程;

b. 排水系统及流向;

c. 支护类型的标注；

d. 图说内容：坐标系、边坡全长、排水系统的设置、支护结构类型与规格等不便用图表达的设计内容。

例图见图 1.11。

②边坡横断面设计图：以道路横断面图为基础，绘制边坡设计横断面图，主要内容如下。

a. 各级台阶高、平台宽及水沟、坡脚起坡点高程及其与线路中心的关系；

b. 原地面线及地层分界线；

c. 护坡结构类型及坡率的标注；

d. 锚索(杆)的竖向布置和长度及其与水平面的夹角；

e. 图说内容：护面结构材料和规格、锚杆(索)规格、纵向间距、孔径、设计承载力等不便用图表达的设计内容。

例图见图 1.12。

③各种大样图：锚索(杆)构造、护面结构构造、跌水沟等。

(6)主要工程数量统计。

(7)编写设计总说明，主要内容包括：

①前言：道路梗要，边坡位置、长度、最大高度。

②设计依据。

③设计标准与原则：边坡等级、稳定系数、生态环境和地质灾害意识。

④设计范围与规模：边坡设计起止点里程、总长、最大高度、台阶级数及分级高。

⑤工程地质条件和水文地质条件。

⑥边坡设计：

a. 边坡形状。

b. 边坡稳定分析与计算：失稳形态的推断、计算方法、计算结果。

c. 边坡支护结构：结构类型、构造、材料、规格、锚索(杆)设计承载力。

d. 边坡排水：各种水沟的规格、材料。

e. 边坡绿化。

⑦边坡监测：

a. 监测项目与内容。

b. 测点布置。

c. 监测频率与周期。

(8)质量验收：按《建筑边坡工程技术规范》(GB 50330—2002)和其他相关规范(程)执行。

(9)施工要点及注意事项。

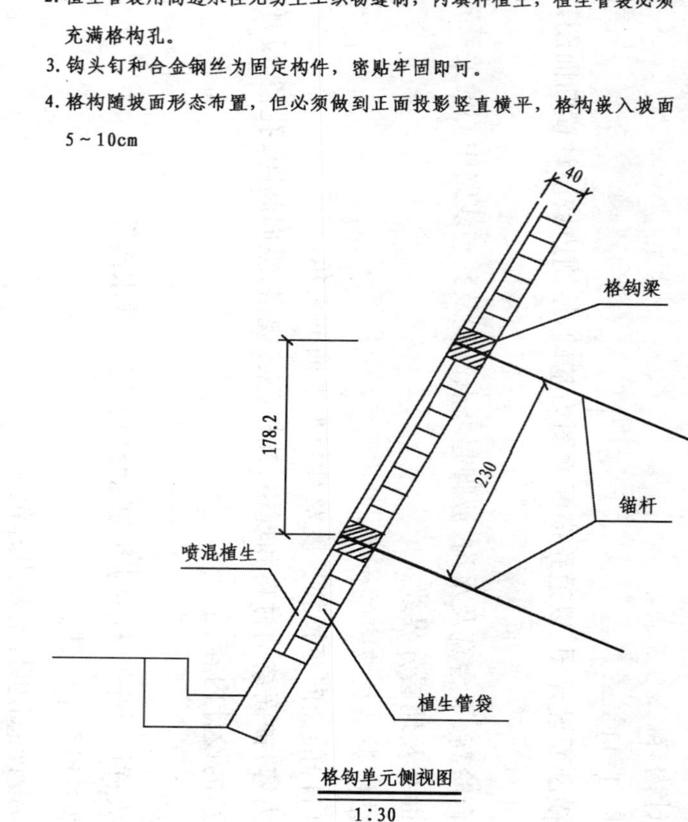

说明：1. 图中尺寸以cm计。

2. 植生管袋用高透水性无纺土工织物缝制，内填种植土，植生管袋必须充满格构孔。

3. 钩头钉和合金钢丝为固定构件，密贴牢固即可。

4. 格构随坡面形态布置，但必须做到正面投影竖直横平，格构嵌入坡面5～10cm

图1.10　格构植生坡构造图

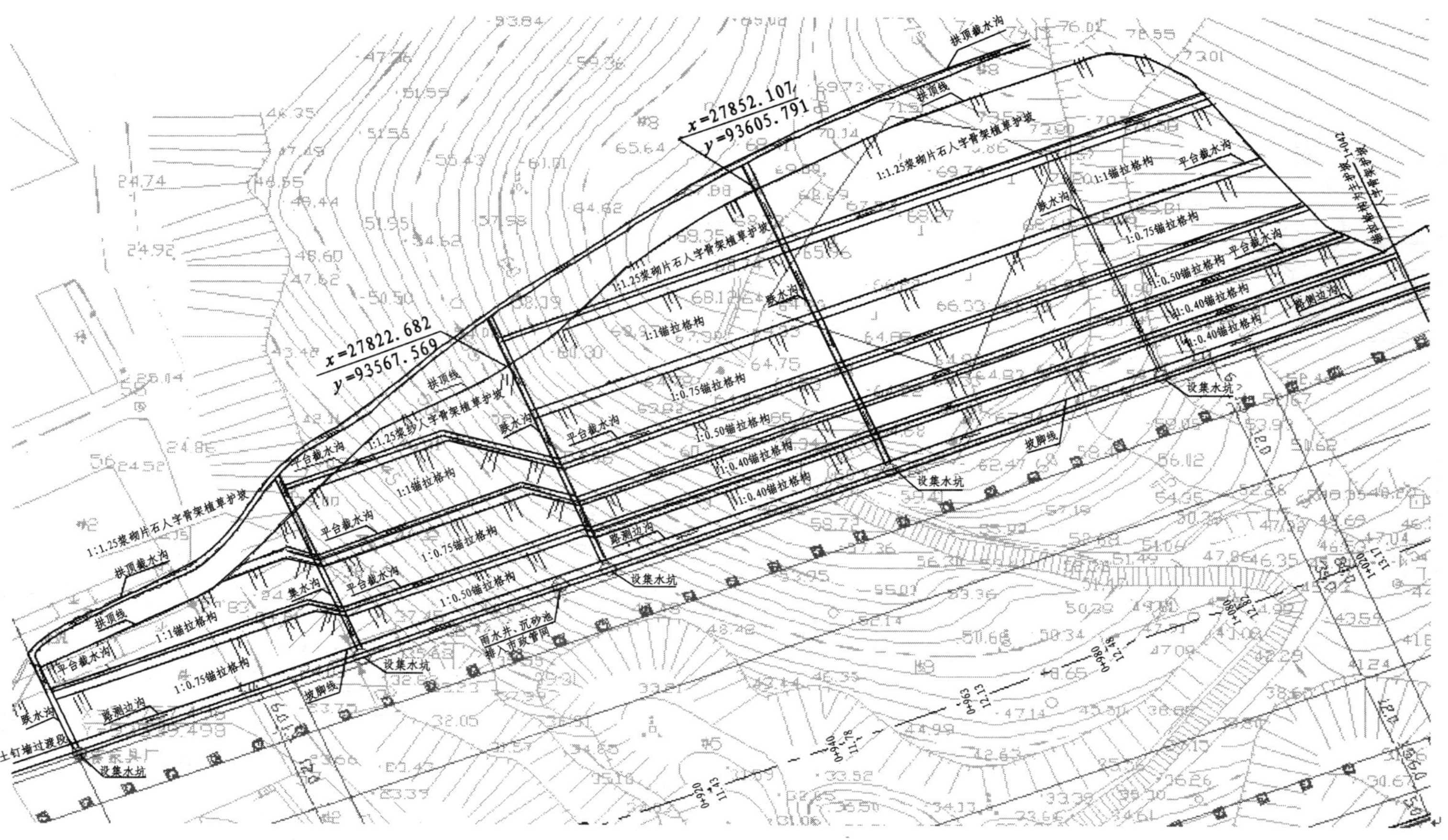

图1.11　边坡设计平面图（示例）

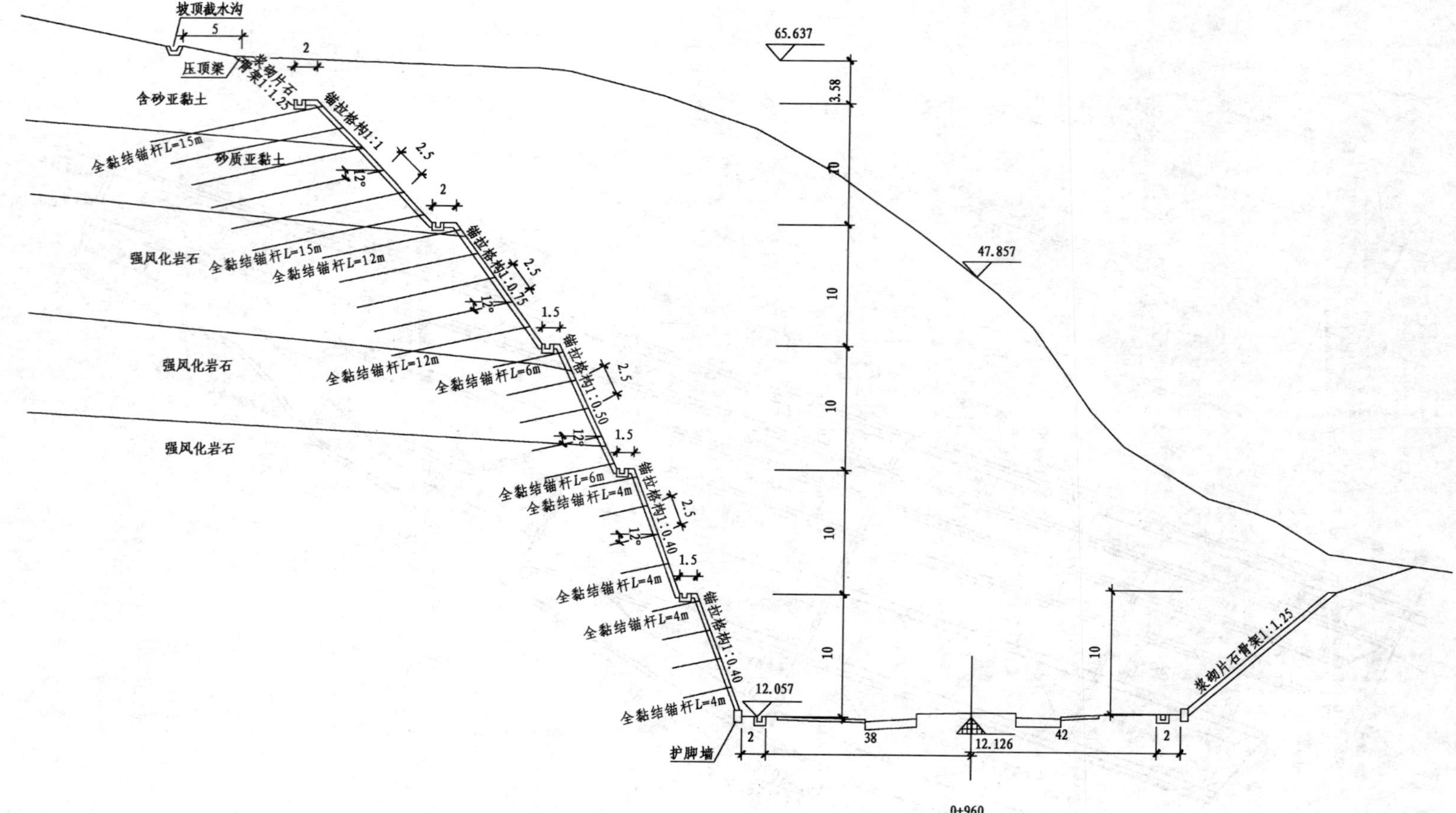

图1.12　边坡设计横断面图(示例)(尺寸单位：m)

示例如下：

边坡防护施工图设计说明

一、前言

某接线工程，西接××大道，东连107国道××立交，长约1.4km，路基规划红线宽80m，为城市主干道路。该线路在K0+700～K1+080路堑地段，线路中心挖方高7～35m，线路两侧均形成边坡。其中在K1+000处，左侧边坡最大高度在60m以上。

二、设计依据

1. ××段接线工程初步设计(B版)。

2. ××段接线工程岩土工程详细勘察报告。

3.《建筑边坡工程技术规范》(GB 50330—2002)。

4.《深圳地区建筑深基坑支护技术规范》(SJG 05—96)。

5. 国家和地方相关的标准、规范。

三、设计标准与原则

(1)边坡安全等级：一级。

(2)边坡安全稳定系数(圆弧滑动)不低于1.30。

(3)全黏结锚杆抗拔安全系数1.8。

(4)荷载效应组合采用承载能力极限状态的基本组合。

(5)以人为本，保护生态环境，尽量减小边坡开挖范围。

(6)树立"以防为主、防治结合"的地质灾害防患意识。

四、设计范围及规模

(1)K0+712～K0+880道路两侧，土钉墙总长约320m。

(2)K0+840～K1+040道路左侧，长约200m，最大边坡高约60m，由下至上共分6级。

(3)道路右侧边坡高约11m，单级放坡。

五、工程地质条件

(略)

六、水文地质条件

(略)

七、地质勘察报告对边坡开挖的建议

各岩土层放坡的坡率值建议按表1.14取值。

土层边坡坡率允许值　　表 1.14

岩 土 层	土质边坡坡率允许值		岩质边坡坡率允许值		
	坡高小于 5m	坡高 5～10m	坡高小于 5m	坡高 8～15m	坡高 15～25m
砂质亚黏土	1:1.2	1:1.4			
强风化岩			1:1		
弱风化岩			1:0.25	1:0.35	1:0.5
微风化岩			1:0.15	1:0.25	1:0.35

八、边坡设计

1. 边坡形状

边坡拟采用多级，坡率分别为 1:0.4、1:0.5、1:0.75、1:1.0、1:1.25 的台阶形状，单级台阶高原则上取 10.0m，台阶宽 1.5m～2.0m，台阶内侧设平台截水沟。

2. 边坡稳定分析与计算

(1)边坡失稳形态推断：边坡大部分由残积土和强、弱、微风化混合花岗岩组成，边坡失稳形态在岩质边坡中考虑结构面的影响，按折线滑面进行验算，在土层中按圆弧滑动面控制。

(2)稳定计算方法：条分法—刚体极限平衡理论。

(3)典型断面稳定计算结果：采用理正岩土系列 5.0 版软件计算，采用锚拉格构加固后，边坡安全稳定系数计算结果大于 1.3。

3. 边坡支护结构

(1)线路左侧高边坡地段：边坡主要由残积亚黏土及强、弱、微风化混合花岗岩组成，未发现不良地质现象，初步判断无结构面整体稳定性问题，原则上采用允许坡率放坡，但坡高已大大超过 25m，故高边坡部分采用全黏结锚杆+矩形格构护坡，一则可加固节理裂隙发育的坡面，二则有利于坡面绿化，防止坡面进一步风化，从而保证边坡的整体稳定性与安全性。

(2)线路右侧边坡：边坡主要由残积亚黏土及强风化混合花岗岩组成，且坡高在 10m 左右，坡顶有放坡条件，故采用允许坡率放坡，坡面用浆砌片石人字骨架防护，以利稳定和绿化。

(3)坡高 5～11m 的其他地段：边坡主要由残积亚黏土或人工填土及强风化混合花岗岩组成，坡顶无充分放坡条件，考虑到对生态环境和民房的保护，尤其是线路左侧，红线距民房只有 6m，故采用坡率为 1:0.25 的土钉墙形式，坡面为矩形格构，以利稳定和绿化。

①全黏结锚杆(土钉)：锚杆与水平面夹角 15°，孔径 110mm，锚杆长 4～15m；1 根ϕ 28 螺纹钢筋，锚杆间距 2.5m×3m，土钉间距 1.5m×1.75m，矩形布置；锚杆通长注浆，注浆强度等级 M30，注浆体材料 28d 无侧限抗压强度不低于 25MPa；单

孔锚杆的设计承载力不小于127kN(1ϕ28螺纹钢筋)。

②钢筋混凝土矩形网格护面:网格骨架断面尺寸40cm×40cm,嵌入坡面5cm,C25混凝土现浇。

4. 边坡排水

(1)地面排水:边坡地面排水采用侧沟、平台截水沟、跌水沟和天沟排水。

①路侧边沟:位于坡脚或路肩边缘外侧,纵坡与道路一致,该部分内容由道路专业设计,底宽、沟深等详见道路专业图纸。

②平台截水沟:位于平台内侧,底宽40cm,沟深40cm,沟壁厚30cm,M7.5浆砌片石砌筑,引向跌水沟并排至道路集水井。

③坡顶截水沟:位于坡顶以外5m,基本上沿等高线布置,底宽40cm,沟深40cm,沟壁厚30cm,M7.5浆砌片石砌筑,排往跌水沟引至道路雨水管的集水井或坡体外。

④跌水沟:踏步式跌水沟竖向设于坡面,采用C25素混凝土浇筑而成,间距25~35m,并与平台截水沟形成网络,将水排往路侧边沟集水井。

(2)地下水排水:由于边坡所在地段的地下水赋存条件较差,坡面均未全封闭,故一般不设地下水排水措施,施工开挖中如发现坡面某处有地下水渗流,可钻孔设置横向排水软管。

5. 边坡绿化

在矩形格网内客土喷混植生材料,由专业生态环境建设队伍实施,该部分详见有关的绿化景观设计图纸。

九、监测

边坡工程监测包括施工安全监测和支护效果监测。

1. 监测项目与内容

(1)坡顶15m范围内地表裂缝数量、宽度和走向;

(2)坡面水平位移与沉降。

2. 监测点的设置

单个高边坡的监测剖面不少于2条,且具有代表性,并尽量与地勘横剖面靠近,每条剖面上的监测点不少于3个。

3. 监测期限与周期

(1)监测期限竣工后不少于2个雨季;

(2)监测周期:施工安全监测应从开工初期就执行,8~24h观测一次,雨季及气候恶劣时适当缩短周期;支护效果监测周期一般为15～30d。

十、质量验收

参照《建筑边坡工程技术规范》(GB 50330—2002)和《深圳地区建筑深基坑支护技术规范》(SJG 05—96)执行。

十一、施工要点及注意事项

(1)边坡工程实施前,应编制经总监理工程师认可的边坡工程施工组织设计。

(2)边坡开挖,应采取自上而下、分级、分段跳槽、及时支护的逆作法或部分逆作法施工,严禁无序大开挖作业。

(3)锚杆应自上而下逐排施作,开挖一排实施一排。锚杆注浆后,3d之内不得碰撞和悬挂重物。

(4)边坡分段跳槽施工的长度可取20m左右,每段锚杆实施后,应立即浇筑钢筋混凝土网格,尽量缩短坡体的裸露时间。

(5)大、暴雨施工期,应对未完工的裸露边坡体及时进行遮盖。

(6)锚杆大面积施工前,应按《建筑边坡工程技术规范》(GB 50330—2002)附录C的要求进行基本试验。

(7)边坡工程开工时应结合永久排水措施做好现场临时排水系统,以免大雨毁坏施工现场;边坡施工期间应采取有效的环保措施,做到文明施工。

(8)采用信息施工法,及时调整、完善设计与施工。

第五节　锚拉格构的设计与计算

一、结构组成

锚拉格构主要由锚杆(索)和坡面格构梁组成(见图1.13)。

图1.13　锚拉格构边坡实景

1. 锚杆

(1)非预应力全黏结锚杆:杆体材料为$\phi 20 \sim \phi 32$螺纹钢筋,M35水泥砂浆或水泥净浆全长灌注。

(2)预应力锚索:锚索采用高强度低松弛钢绞线,一孔锚索由若干束$\phi 15.2$钢绞线组成,一束钢绞线又由7根钢丝绞合成形(见图1.14)。此外,锚索还包括专用锚具、夹片和连接器等。

(3)精轧螺纹钢。

锚索构造示例见图1.15。

2. 格构梁

格构梁一般由钢筋混凝土现浇而成,梁截面为矩形,梁单元可采用矩形或菱形,见图1.16。

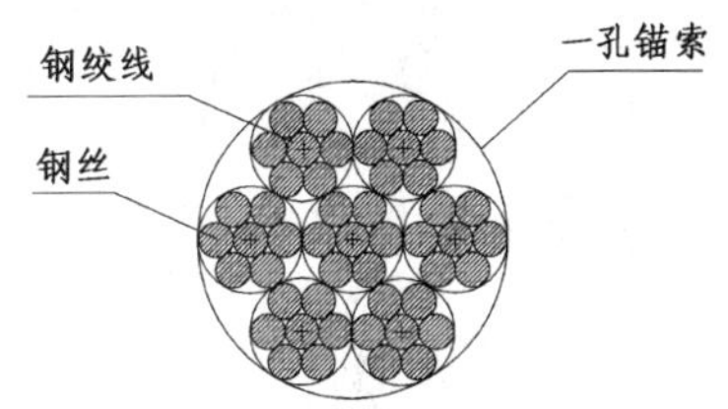

图1.14 锚索的组成

二、适用条件

(1)非预应力全黏结锚杆:常用于土质边坡,锚杆长一般不超过12m,锚杆轴向承载力设计值不大于240kN。

(2)预应力锚索:常用于岩质边坡,其长度和承载力均大于非预应力全黏结锚杆。

三、设计计算

1. 单孔锚索(杆)所受轴向拉力设计值计算(见图1.17)

$$P_d = \frac{T_i l_a}{[\sin(\alpha+\beta)\tan\varphi + \cos(\alpha+\beta)]n} \tag{1.10}$$

式中:φ——滑动带岩土内摩擦角;

α——锚索(杆)与滑面交接处,滑面与水平面的夹角;

β——锚索与水平面夹角,宜取10°~30°;

T_i——推力传递系数法中,对应α_i角的边坡滑块剩余下滑力(kN/m),已含安全系数F_s,详见式(1.9);

l_a——锚索纵向水平间距;

n——锚索(杆)沿滑动方向的排数。

2. 单孔锚索所需钢绞线根数n_a计算

$$n_a = \frac{P_d}{\xi_3 A_a f_{ptk}} \tag{1.11}$$

式中:f_{ptk}——钢筋或钢绞线强度设计值;

A_a——单根钢绞线公称截面积,1×7($\phi 15.2$)钢绞线$A_a = 139\text{mm}^2$;

ξ_3——系数,钢绞线取0.5,钢筋取0.61。

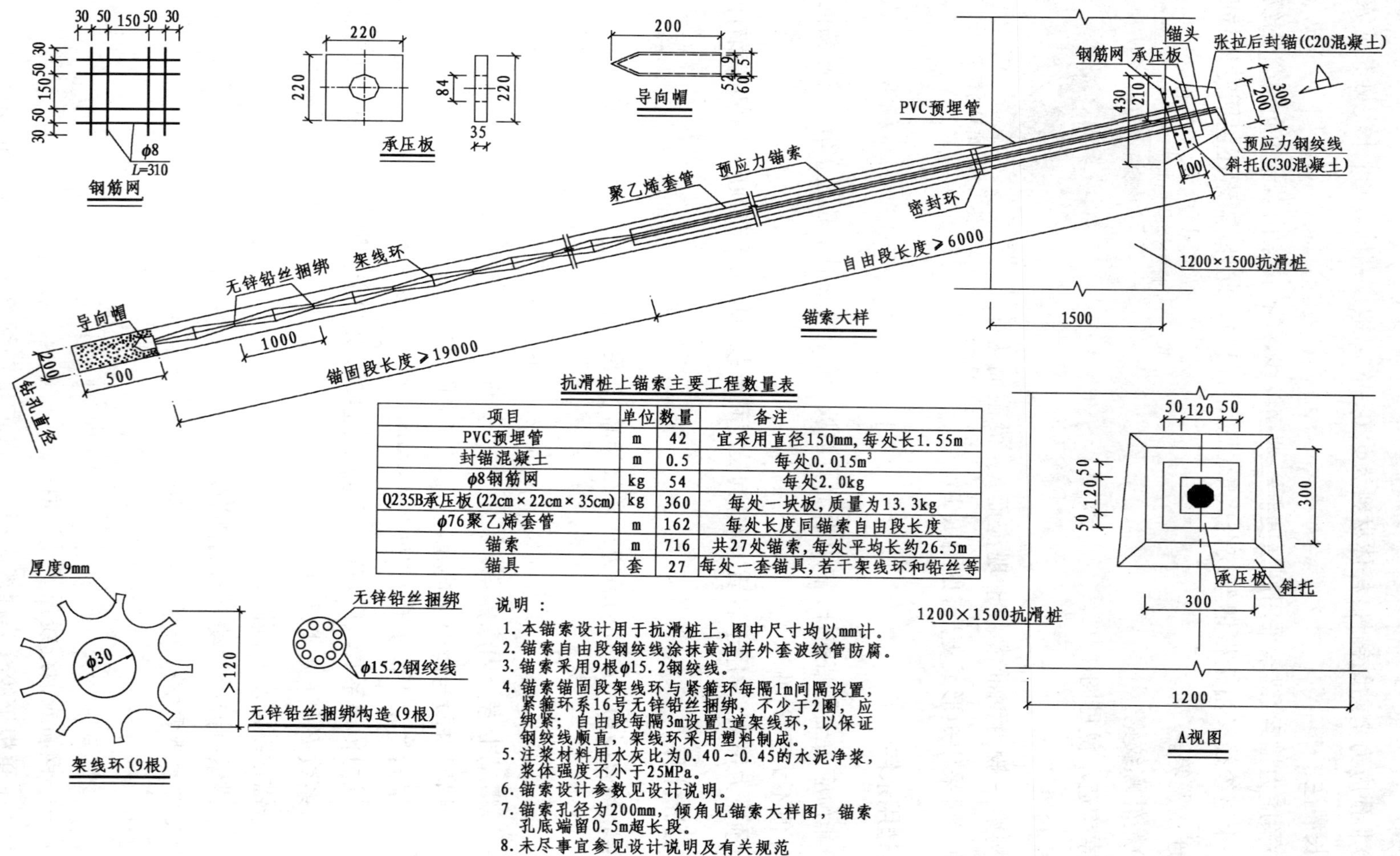

抗滑桩上锚索主要工程数量表

项目	单位	数量	备注
PVC预埋管	m	42	宜采用直径150mm,每处长1.55m
封锚混凝土	m	0.5	每处0.015m^3
ϕ8钢筋网	kg	54	每处2.0kg
Q235B承压板(22cm×22cm×35cm)	kg	360	每处一块板,质量为13.3kg
ϕ76聚乙烯套管	m	162	每处长度同锚索自由段长度
锚索	m	716	共27处锚索,每处平均长约26.5m
锚具	套	27	每处一套锚具,若干架线环和铅丝等

说明：

1. 本锚索设计用于抗滑桩上,图中尺寸均以mm计。
2. 锚索自由段钢绞线涂抹黄油并外套波纹管防腐。
3. 锚索采用9根ϕ15.2钢绞线。
4. 锚索锚固段架线环与紧箍环每隔1m间隔设置,紧箍环系16号无锌铅丝捆绑,不少于2圈,应绑紧;自由段每隔3m设置1道架线环,以保证钢绞线顺直,架线环采用塑料制成。
5. 注浆材料用水灰比为0.40～0.45的水泥净浆,浆体强度不小于25MPa。
6. 锚索设计参数见设计说明。
7. 锚索孔径为200mm,倾角见锚索大样图,锚索孔底端留0.5m超长段。
8. 未尽事宜参见设计说明及有关规范

图1.15　锚索构造示例(尺寸单位: mm)

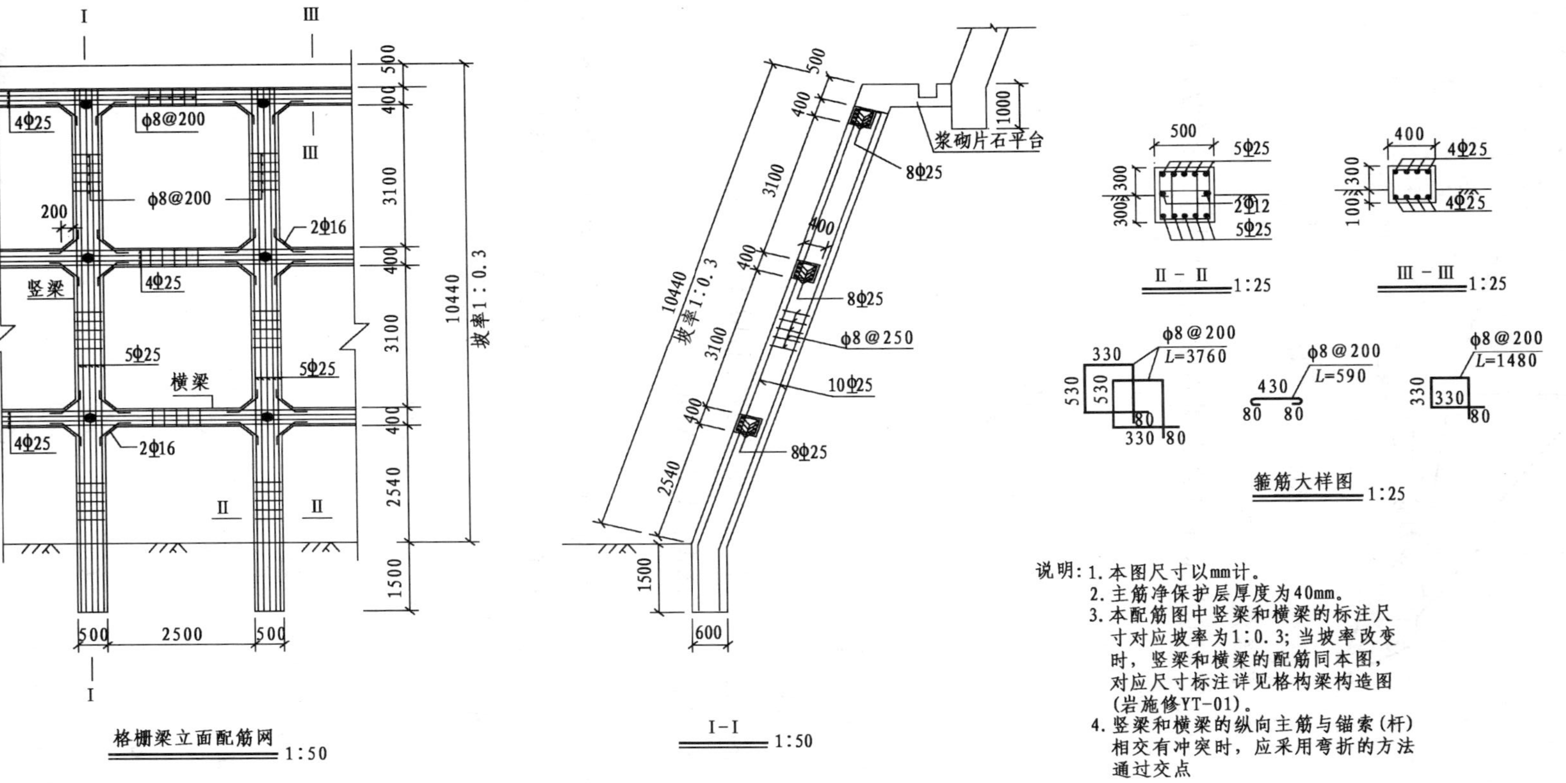

说明：1. 本图尺寸以mm计。
2. 主筋净保护层厚度为40mm。
3. 本配筋图中竖梁和横梁的标注尺寸对应坡率为1:0.3；当坡率改变时，竖梁和横梁的配筋同本图，对应尺寸标注详见格构梁构造图(岩施修YT-01)。
4. 竖梁和横梁的纵向主筋与锚索(杆)相交有冲突时，应采用弯折的方法通过交点

图1.16　格构梁构造图(尺寸单位:mm)

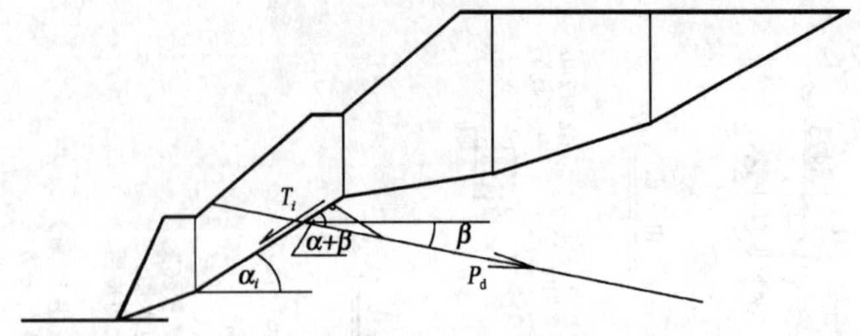

图 1.17　锚索所受拉力计算简图

3.锚索(杆)的锚固段长度 L 计算

可按锚固体与孔壁、钢筋与水泥砂浆之间的黏结强度计算，两者取其大值。

$$L=\frac{KP_{\mathrm{d}}}{\pi Df_{\mathrm{rb}}} \tag{1.12}$$

或

$$L=\frac{KP_{\mathrm{d}}}{\pi df_{\mathrm{b}}} \tag{1.13}$$

式中：L——锚固段长度(m)；

K——安全系数，1.64～2.0；

D——锚固体直径(m)；

d——钢材外表直径(m)；

f_{rb}——锚固体与孔壁之间的黏结强度特征值(kPa)；

f_{b}——钢材与砂浆之间的黏结强度设计值(kPa)。

4.格构梁的计算

格构梁的截面弯矩和梁底反力，除按弹性地基梁进行数值分析以外，目前尚无较合适的计算模式，下面介绍根据美国混凝土学会计算法而建立的经验公式，可供参考。

1)锚点处梁截面弯矩 M_i

$$M_i=-\frac{N_i}{4\lambda}(0.24\lambda l_{\mathrm{a}}+0.16) \tag{1.14}$$

式中：N_i——锚索拉力；

l_{a}——格构梁上锚点间距；

λ——弹性地基梁的弹性特性，$\lambda=\sqrt{\frac{kb}{4E_{\mathrm{c}}I}}$；　(1.15)

b——梁宽；

E_{c}——梁材料的弹性模量；

I——截面惯性矩；

k——文克尔地基基床系数，硬塑黏土 40～100MN/m^3，普通页岩 200～300MN/m^3。

2)锚点处梁底反力

$$\sigma_i = \frac{5N_i}{l_{\mathrm{a}}} + \frac{30M_i}{l_{\mathrm{a}}^2} \tag{1.16}$$

3)跨中梁底反力

$$\sigma_{\mathrm{m}} = \frac{46M_i}{l_{\mathrm{a}}^2} + \frac{3N_i}{l_{\mathrm{a}}} \tag{1.17}$$

4)跨中梁截面弯矩

$$M_{\mathrm{m}} = \frac{l_{\mathrm{a}}^2}{70} + (2\sigma_i + 4\sigma_{\mathrm{m}}) - M_i \tag{1.18}$$

图 1.18a)、b)是分别按式(1.14)和式(1.18)求得的弯矩分布图。

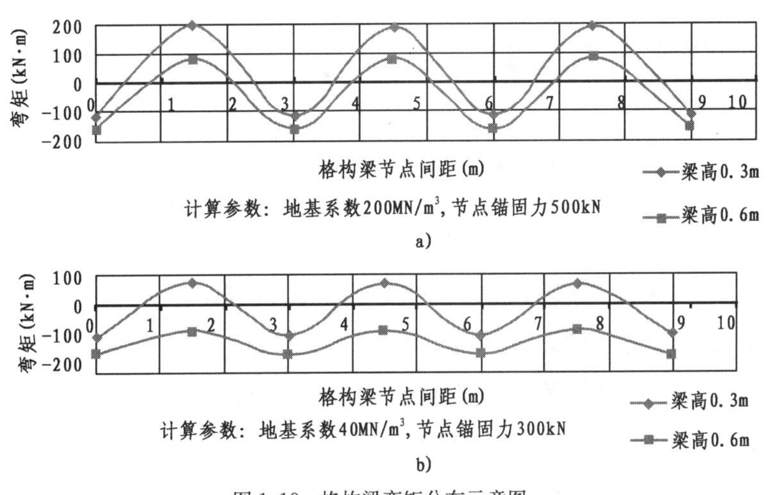

图 1.18　格构梁弯矩分布示意图

四、其他有关问题

(1)预应力锚索锚固段长度通常取 4～10m，当计算长度超过 10m 时，宜采用二次注浆、改善锚头构造和直径等措施提高锚固力。理论分析与实测数据表明(见图 1.19)，当锚固段过长时，随着应力不断增加，靠近自由段的灌浆体首先开始屈服或破坏，然后，最大剪应力向深处转移，破坏也逐渐发展扩大，因此，并非锚固段越长越好。

(2)预应力锚索(杆)的自由段长度不应小于 3～5m，以便将锚固力传至较深的岩土层，获得可靠的锁定力。

(3)锚索孔径应视锚固力大小而定，常用ϕ100～ϕ150。

(4)预应力锚索(杆)的间距应考虑群锚效应(见图 1.20)，间距小，应力重叠，锚固能力降低；间距大，出现应力跌落区，削弱了坡体与滑面的整体锚固效果。预应力锚索的间距一般常取 3～5m。

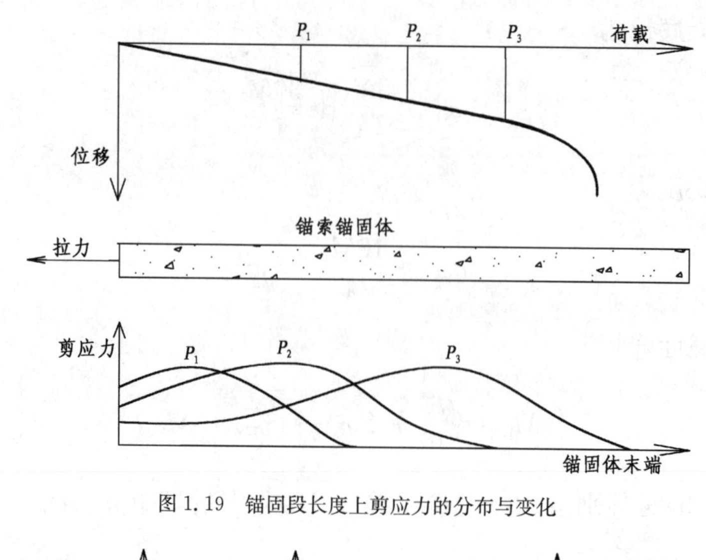

图 1.19　锚固段长度上剪应力的分布与变化

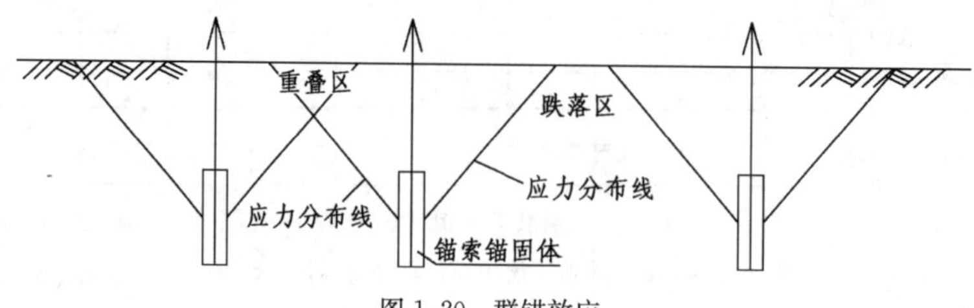

图 1.20　群锚效应

(5)预应力锚索抗拉力(即锚索的承载力)的设计值应满足下列要求：

①等于或大于边坡下滑力设计值；

②等于或小于锚索材料的抗拉力设计值，一般可取材料抗拉强度标准值(相当于极限抗拉强度)的 1/2(钢筋可取 61/100)；

③等于或小于锚索的抗拔力(岩土与锚固体的黏结强度特征值)。

(6)预应力锚索的超张拉值可取锚索承载力设计值的 1.05～1.1 倍；锁定值可取锚索承载力设计值的 3/5 左右。

(7)锚杆(索)的防腐处理措施：

①预应力锚杆(索)的自由段经除锈、刷船底漆、沥青玻纤布缠裹不少于两层处理后装入套管中，套管两端用黄油充塞，外绕工程胶布固定；

②锚固段应除锈，砂浆保护层厚度不少于 25mm；

③预应力锚索的外锚头经除锈、涂防腐漆后，应采用钢筋网罩、现浇细石混凝土封闭。

(8)格构梁的单元形状可采用矩形或菱形，单元大小按锚杆(索)的间距确定。

(9)理论上而言，格构梁的截面大小应根据锚固力的大小和坡面岩土地基承载力确定，同时，格构梁底的接触压应力应小于地基承载力。但是，由于预应力锚索格构与边坡体相互作用的复杂性，目前，尚无合适的格构梁底接触压应力计算方法。庆幸的是，梁底接触压应力的实测值还不到“理论”值的1/10，故一般格构梁的截面不小于300mm×300mm即可（锚固力较大时应按计算确定），采用C25混凝土现浇，梁底嵌入坡面。

（10）格构梁的截面大小还与其所受弯矩大小有关，一般而言，格构梁可按集中荷载下的弹性地基梁进行分析计算。理论分析表明，格构结点处（锚索作用处）为负弯矩（梁底受拉），跨中为正弯矩（梁顶受拉）（见图1.18a）。试验研究表明，上述弯矩分布规律只适合锚固力较大（500kN以上）、硬质岩体边坡情况，若锚固力较小（300kN以下）、边坡岩土体软弱，则格构梁表现为整体向坡内弯曲（梁底受拉）。因此，格构梁按对称构造配筋即可。

常用锚杆钢筋/锚索钢绞线拉力值见表1.15。

常用锚杆钢筋/锚索钢绞线拉力值 表1.15

单根锚杆钢筋/钢绞线拉力设计值(kN)					单根钢筋/钢绞线拉力标准值(kN)	
钢筋直径(mm)/锚索公称直径	截面面积(mm^2)	HRB335(20MnSi)Ⅱ级钢	HRB400新Ⅲ级钢	钢绞线(7ϕ5)	HRB335Ⅱ级钢	钢绞线(7ϕ5)
24	452.4	135.7	162.9		151.6	
25	490.9	147.3	176.7		164.5	
28	615.3	184.6	221.5		206.1	
30	706.9	212.1	254.5		236.8	
32	804.3	241.3	289.5		269.4	
ϕ^l15.2	139			183		258
抗拉强度(MPa)		300	360	1320	335	1860

第二章　轻型支挡结构

第一节　基本概念

一、轻型支挡结构的种类与构造

1. 桩板式挡土墙

桩板式挡土墙是靠埋入稳定地层中的桩来支挡土体的。在挖方或填方边坡中，桩板式挡土墙的构造要求略有不同。

对于挖方边坡，桩板式挡土墙一般由排桩和桩间挡土板构成，即先施工排桩至墙顶标高，然后在墙前开挖形成临空面，同时浇筑或安装挡土板(见图 2.1)。

对于填方边坡，桩板式挡土墙则由排桩、连系梁、立柱和挡土板构成，即先施工桩至接近地面某一标高，然后浇筑桩顶连系梁(冠梁)，在连系梁上施工立柱，并逐层施工挡土板和碾压板后回填土(见图 2.2)。

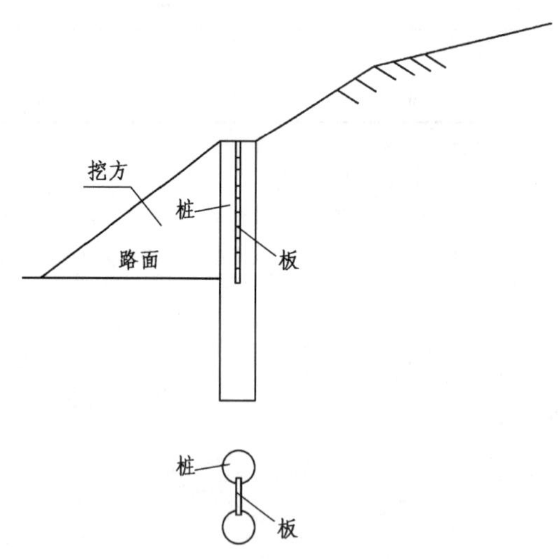

图 2.1　挖方段桩板式挡土墙

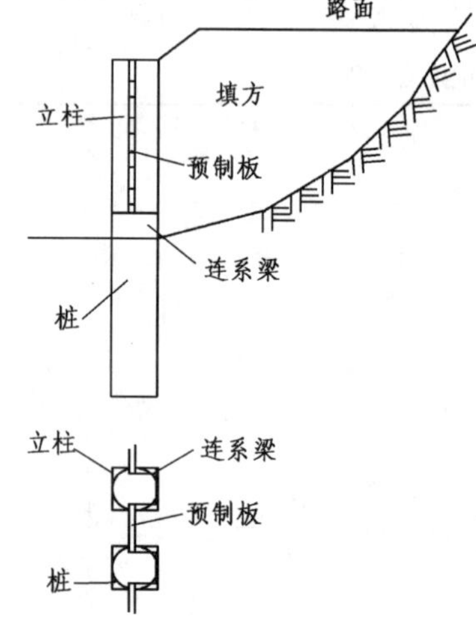

图 2.2　填方段桩板式挡土墙

桩板式挡土墙实景如图 2.3 所示。

2. 锚杆挡土墙

锚杆挡土墙是靠锚固于稳定地层中的锚杆来支挡土体的，主要由锚杆和墙面系构成。墙面系可以是钢筋混凝土肋柱和墙面板，也可以是格构梁(见图 2.4)。

图 2.3　桩板式挡土墙实景

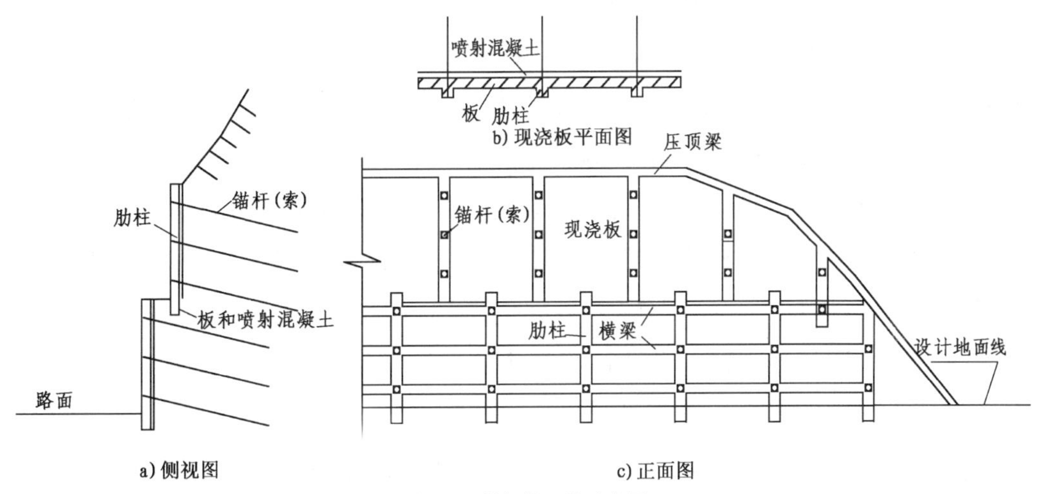

图 2.4　锚杆挡土墙示意图

锚杆挡土墙的施工程序是：由上而下逐层开挖边坡→坡面喷射混凝土(视需要而定)→钻孔设置锚杆→立模浇筑墙面系→其他。

锚杆挡土墙实景如图 2.5 所示。

图 2.5　锚杆挡土墙实景

3. 土钉墙

1)结构组成

土钉墙在结构构造上与锚杆挡土墙是相似的，即由全黏结锚杆和墙面系组成。土钉墙的墙面系、施工程序也大致与锚杆挡土墙相同。

2)与锚杆挡土墙的区别

如图 2.6 所示，土钉墙与锚杆挡土墙的布置不同，由此形成的加固机理也不同。

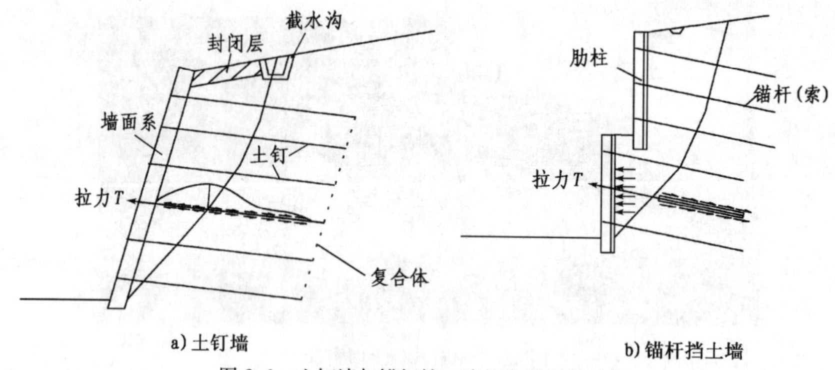

图 2.6 土钉墙与锚杆挡土墙的力学机理对比

(1)土钉墙中的锚杆一定是沿锚杆通长注浆,形成所谓全黏结锚杆。土钉的布置,短而密,可使被加固的土体形成半刚性复合体,以确保其自身内部稳定;同时,此半刚性复合体又类似一假想的重力式挡土墙,可满足其外部稳定要求。土钉墙的墙面系不属于主要受力构件。土钉墙多用于稳定土坡或破碎、散体状岩质边坡。

(2)锚杆挡土墙中的锚杆不一定是全黏结锚杆,而往往是普通锚杆,分自由段和锚固段。自由段的砂浆体不起锚固作用,只起传递拉力的作用,即边坡的推力在坡面外锚头形成拉力后,通过自由段的砂浆体将其传到更深更稳定的地层中去,以稳定坡体。因此,锚杆挡土墙中的锚杆布置疏而长。

(3)土钉墙加固边坡机理分析(见图 2.7):边坡开挖时,边坡表面应力释放,同时,坡面产生水平变形,从而导致坡体土中水平应力减少,小于开挖前的应力水平,如不及时支护或坡率过陡,则可导致坡体土中的应力状态达到主动极限平衡状态,进而破坏边坡;当采用土钉及时加固坡体后,由于土钉和土之间的相互作用约束了土体的变形,土中水平应力的减小也就受到限制,坡体处于弹性应力状态,从而能够保持边坡的稳定。

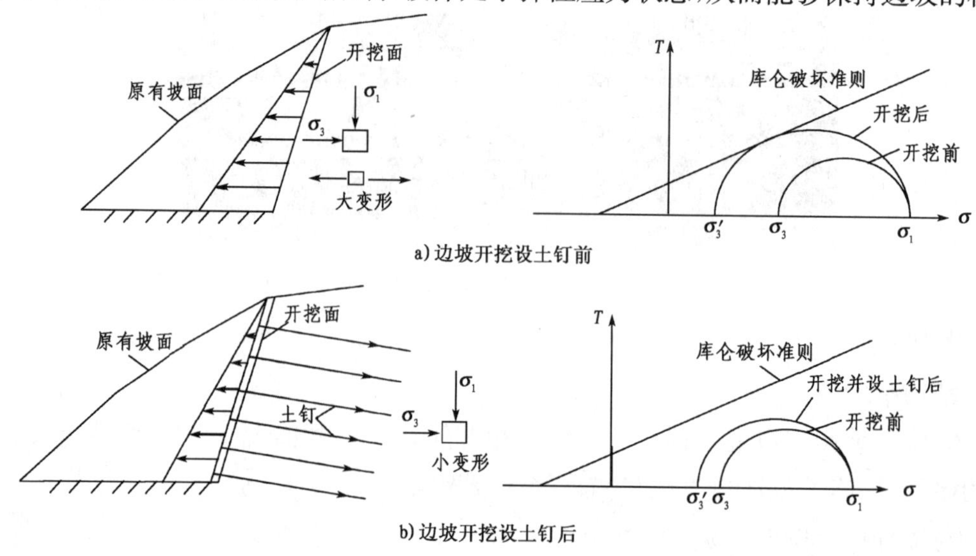

图 2.7 土钉墙应力状态变化对比

4. 加筋土挡土墙

1)结构组成

加筋土挡土墙一般由帽梁、墙面、基础、拉筋、填料及排水系统构成,见图 2.8。拉筋与填料交替铺设而成的复合体称之为加筋体。加筋土挡土墙实景如图 2.9 所示。

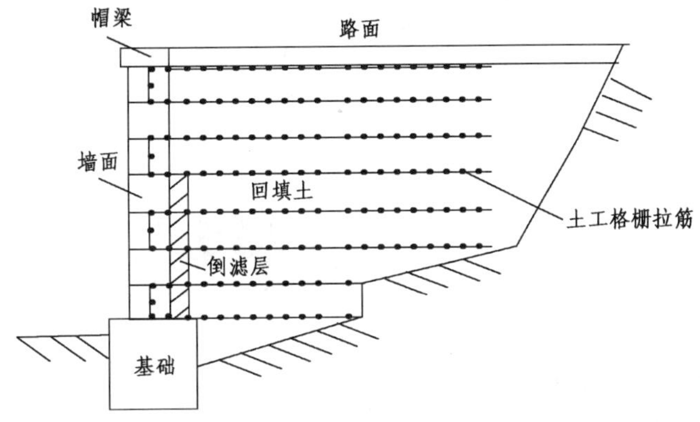

图 2.8　加筋土挡土墙构造图

图 2.9　加筋土挡土墙实景

2)加筋土挡土墙的受力分析

如图 2.10 所示,加筋土挡土墙的基本原理存在于筋—土之间的相互摩阻黏结之中,这种黏结一方面约束了加筋土体的侧向位移,提高了加筋土体的自立稳定性,同时又平衡了滑动土体所产生的侧向土压力,提高了加筋土体的内部稳定性。另一方面,这种黏结使被加固的土体形成了一个整体稳定性和整体刚度较高的类似重力式挡土墙的复合体,以抵挡加筋体后方填土的侧压力,确保了加筋土挡土墙的外部稳定。

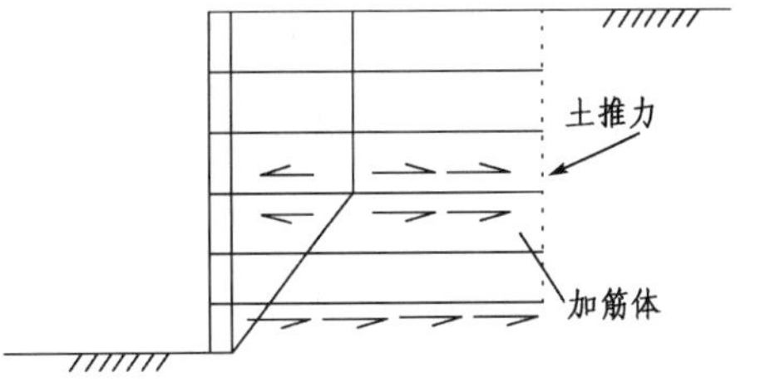

图 2.10　加筋土挡土墙机理分析

5. 预应力锚索抗滑桩

预应力锚索抗滑桩由全埋式桩和预应力锚索组成,通过桩和锚索形成的整体机构来平衡滑坡推力(见图 2.11)。预应力锚索抗滑桩实景如图 2.12 所示。

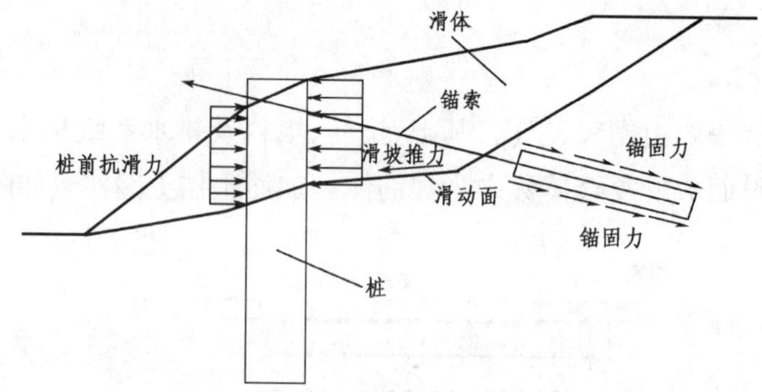

图 2.11　预应力锚索抗滑桩受力分析

图 2.12　预应力锚索抗滑桩实景

6.其他

(1)悬臂式和扶壁式挡土墙：参见国家建筑标准设计图集 04J008《挡土墙(重力式 衡重式　悬臂式)》(中国建筑标准设计研究院组织编制，中国计划出版社出版)，在此不再赘述。

(2)锚定板挡土墙：锚定板挡土墙在填土中的侧向位移不容易得到保障，从而危及墙面立柱的稳定性，市政工程中笔者不推荐使用。

二、轻型支挡结构上的侧向土压力

1.静止土压力(见图 2.13)

静止土压力是指墙不发生位移时，土体作用其上的侧压力。此时，墙后土体处于静止状态。

计算表达式：

$$E_0 = \frac{1}{2}\gamma H^2 K_0 \quad (\text{kN/m}) \tag{2.1}$$

式中：γ——墙后土重度(kN/m^3)；

H——墙高(m)；

K_0——静止土压力系数，土：$K_0 = 0.34 \sim 0.7$，岩石：$K_0 = \frac{\nu}{1-\nu}$，或半经验公式：

$K_0 = 1 - \sin\varphi$;

ν——泊松比。

2. 主动土压力(见图 2.14)

主动土压力是土推墙向前位移,墙后土体达到主动极限平衡状态时,土体作用其上的侧压力。

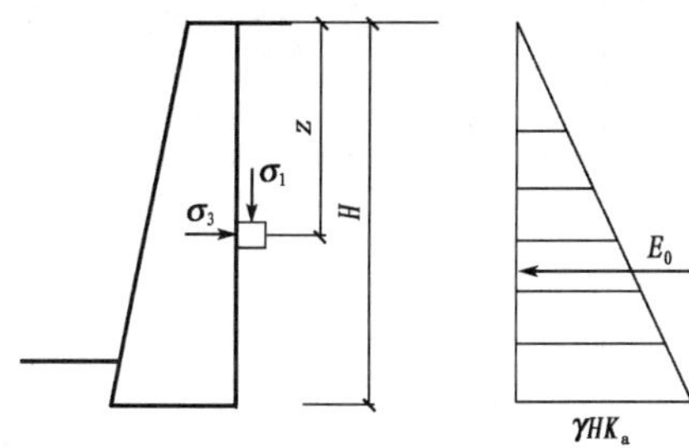

图 2.13 静止土压力沿墙高的分布

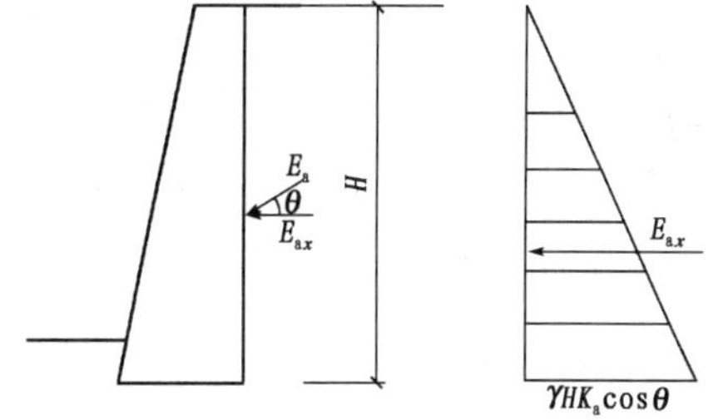

图 2.14 主动土压力沿墙高的分布

计算表达式:

$$E_a = \frac{1}{2}\gamma H^2 K_a \quad (\text{kN/m}) \tag{2.2}$$

式中:K_a——库仑主动土压力系数。

主动土压力的垂直、水平分量:

$$\begin{cases} E_{ax} = E_a \cos\theta \\ E_{ay} = E_a \sin\theta \end{cases} \tag{2.3}$$

式中,$\theta = \delta$(墙背垂直),δ 为墙背与土的外摩擦角。

3. 主动岩体压力

全、强风化岩石可按土压力公式计算,中、微风化岩石可按滑坡推力传递系数法计算,详见《土质学与土力学》(洪毓康.北京:人民交通出版社,1995)一书。

4. 墙后地面有均布荷载作用时的主动土压力(见图 2.15)

基本思路:将均布荷载换算为等代填土高度,在墙顶形成一虚假墙背,然后按一般情况对待。

等代填土高度:

$$h_0 = q/\gamma \tag{2.4}$$

作用于墙背的土压力水平分量 E_{ax}:

$$E_{ax} = \frac{2q + \gamma H}{2} H K_a \cos\theta \tag{2.5}$$

5. 浸水土压力的计算(见图 2.16)

1)水对土压力的影响

(1)水的浮力可减轻土的重力;

(2)水会降低土的抗剪强度；

(3)水对墙背有静水压力或动水压力。

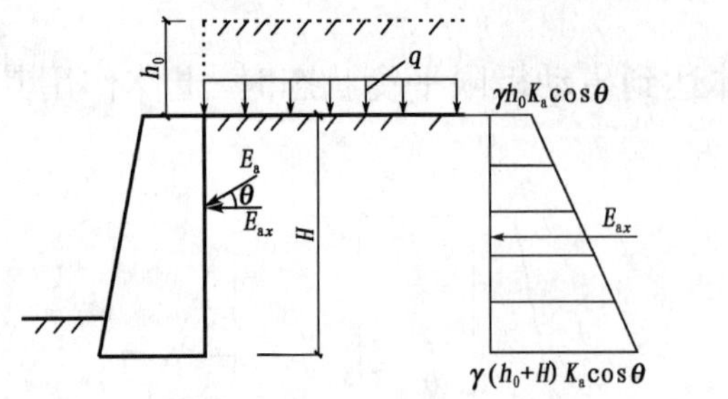

图 2.15　墙后有超载时主动土压力沿墙高的分布

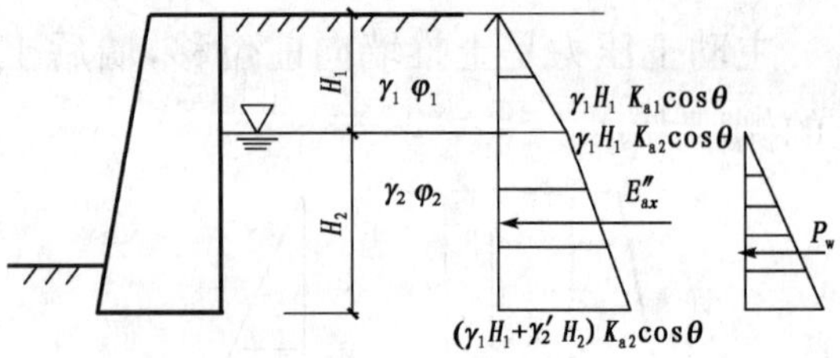

图 2.16　浸水主动土压力沿墙高的分布

2)实际计算处理

(1)对于地下水位以下的砂土应采用水土分算；对于液性指数 $I_L<1$ 或透水性很差的黏性土可采用水土合算。

(2)水土分算时，地下水位以下的土取浮重度，c、φ 值取有效应力指标。

(3)水土合算时，地下水位以下的土取饱和重度，c、φ 值取总应力指标。

3)计算表达式

水上：

$$E'_{ax}=\frac{1}{2}\gamma_1 H_1^2 K_a\cos\theta\quad(\mathrm{kN/m})\tag{2.6}$$

水下：

$$E''_{ax}=\frac{1}{2}H_2(2\gamma_1 H_1+\gamma'_2 H_2)K_{a2}\cos\theta\tag{2.7}$$

静水压力：

$$P_w=\frac{1}{2}\gamma_w H_2^2\quad(\mathrm{kN/m})\tag{2.8}$$

第二节　桩板式挡土墙的设计

一、适用条件及优点

(1)路堤式桩板墙能解决高填方路堤地段无法正常放坡的矛盾，从而能够减少房屋拆迁、少占农田等，具有较大的经济效益和社会效益。

(2)挖方地段的桩板式挡土墙可以用最小的墙高获得满意的建筑空间，并大大减少开挖量。

(3)适合软弱地基。若地基强度不足，可由桩的埋置深度予以补偿。

(4)建筑高度大。悬臂段墙高可达 15m，如结合使用预应力锚索，墙高可达 25m。

(5)施工简便、工期短、投资省是高大支挡结构选型的主要出路。

二、结构计算

1. 桩板式挡土墙桩背荷载

作用于桩板式挡土墙桩背的荷载为两桩中心距的侧向土压力或潜在滑坡推力。若采用侧向土压力,其值应乘以 1.1～1.3 的扩大系数作为荷载设计值。土压力和滑坡推力,二者取其大值。

2. 桩后荷载分布

桩后荷载沿墙高的分布图式可为三角形、梯形和矩形。一般土压力可用三角形或梯形;较密实的顺层滑坡体,上下运动速度大致相同,其推力分布可用矩形。

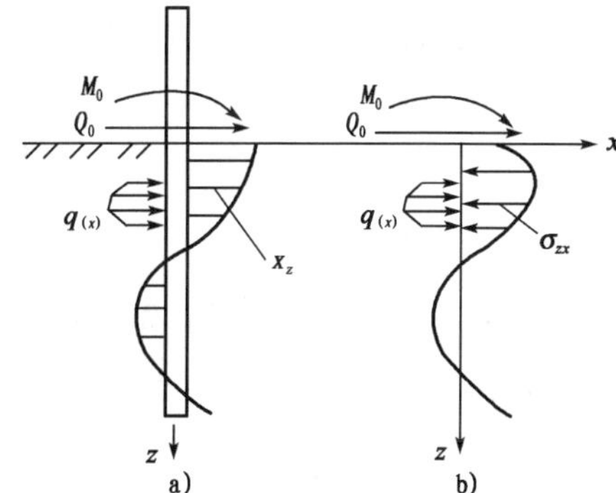

图 2.17　弹性桩的挠曲变形和土抗力的分布

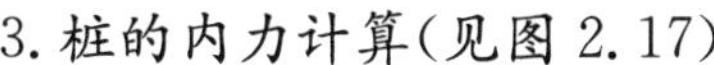

3. 桩的内力计算(见图 2.17)

1)地面以上桩的内力计算

可按悬臂梁计算,固定端可选在地面以下约 1.5m 处。

2)地面以下桩的内力计算

(1)取地面以下桩的脱离体图,则桩顶荷载为桩在地面处的内力 M_0、Q_0。

(2)视地面以下的桩为弹性地基梁,土为弹性体,则桩侧土抗力,由“m”法可知为:

$$\sigma_{zx} = mzx_z \tag{2.9}$$

已知 $\sigma_{zx}=kx_z$,$k=mz$,k 为地基系数。

由此可得作用于弹性地基梁上的荷载强度为:

$$q = \sigma_{zx} b_1 \tag{2.10}$$

式中:b_1——桩计算宽度。

(3)根据梁的挠曲微分方程可得:

$$EI \frac{\mathrm{d}^4 x}{\mathrm{d}z^4} = -q = \sigma_{zx} b_1 = mzx_z b_1 \tag{2.11}$$

写成有限元方程形式:

$$\{[\boldsymbol{K}_{\mathrm{Z}}] + [\boldsymbol{K}_{\mathrm{T}}] + [\boldsymbol{K}_{\mathrm{T0}}]\}[\boldsymbol{\delta}] = [\boldsymbol{p}] \tag{2.12}$$

式中:$[\boldsymbol{K}_{\mathrm{Z}}]$——桩的弹性刚度矩阵;

$[\boldsymbol{K}_{\mathrm{T}}]$——土的弹性刚度矩阵;

$[\boldsymbol{K}_{\mathrm{T0}}]$——土的初始弹性刚度矩阵;

[$\boldsymbol{\delta}$]——桩的位移矩阵；

[$\boldsymbol{p}$]——桩的荷载矩阵。

(4)按不同的边界条件，求解上述方程，即可得桩在桩顶力(M_0、Q_0)作用下不同深度处桩横截面内的弯矩、剪力及位移，以此作为桩配筋依据，详见有关教科书。

4.桩的整体滑动稳定计算(见图2.18)

圆弧滑动条分法：详见有关基坑整体稳定计算，或边坡整体稳定计算。

5.桩的抗倾覆稳定计算(见图2.19)

抗倾覆稳定安全系数：

$$K_s = \frac{M_{E_p} + M_T}{M_{E_a}} \tag{2.13}$$

式中：M_{E_p}——桩底以上被动土压力所产生的弯矩；

M_T——桩底以上后锚拉力所产生的弯矩；

M_{E_a}——桩底以上主动土压力所产生的弯矩。

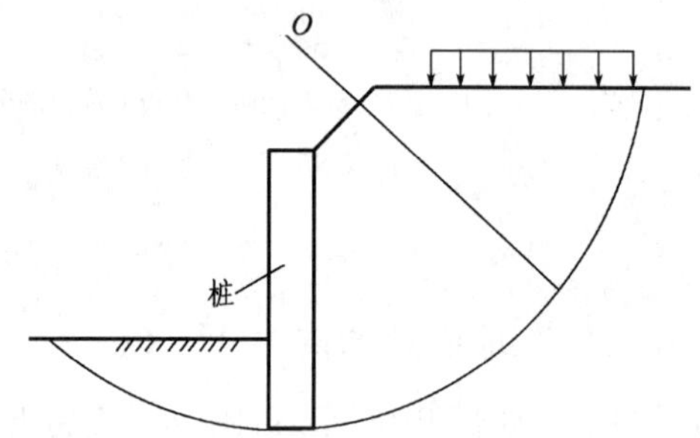

图2.18 桩板式挡土墙的整体稳定计算图示

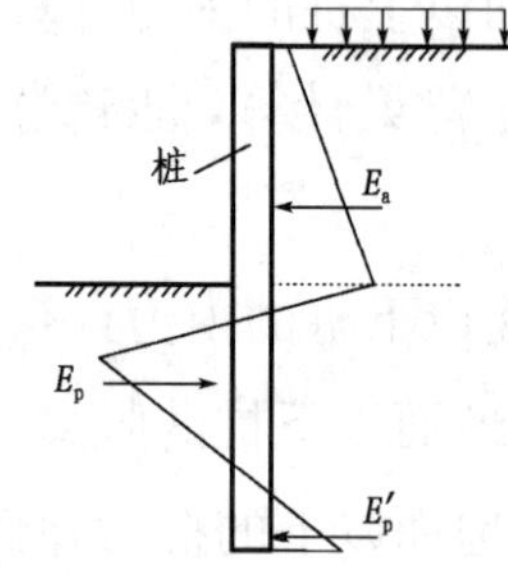

图2.19 桩板式挡土墙的抗倾覆稳定计算图示

6.挡土板的内力计算

按简支板对待。

7.计算软件

(1)理正岩土系列软件5.1版—挡土墙设计—桩板式挡土墙。

(2)理正深基坑支护设计软件Fspw5.3(排桩稳定与抗倾覆计算)。

(3)软件中所用弹性地基系数和地基系数随深度增加的比例系数 m 值详见《铁路路基支挡结构设计规范》(TB 10025—2006)附录B或《公路路基设计规范》(JTG D30—2004)表5-5、表5-6。

三、结构设计

(1)桩截面多为圆形，机械成孔(有条件时也可采用矩形截面，挖孔成桩)；桩直径一般为1.0m左右，C25及以上混凝土现浇；桩间距3～5m。

(2)桩的长度应伸入稳定地层中，桩的入土深度一般为1.0h～1.3h(h 为墙高)，当不满足前述要求时，桩端伸入中风化岩层的长度不小于 3m，或改为后拉锚桩结构。

(3)立柱截面一般为矩形或 T 形，立模现浇；立柱截面的长边(抗弯边)基本上与桩径相同，混凝土强度等级亦与桩同。

(4)连系梁高一般不小于 800mm，梁宽等于或略大于桩径，桩和柱的主筋伸入连系梁的长度应满足锚固长度要求。

(5)挡土板的截面可为矩形、槽形或空心板，现浇或预制，板嵌入桩或与柱的搭接长度不小于板厚，板的厚度 160～250mm，板内主筋不小于ϕ12。

四、设计步骤

(1)收集欲设置桩板式挡土墙地段的道路平、纵、横断面图。

(2)收集欲设置桩板式挡土墙地段的工程地质资料。

(3)初拟桩板式挡土墙横断面图。

(4)上机计算，调整初拟横断面尺寸。

(5)绘图。

①桩板式挡土墙平面布置图

以道路平面图为基础。主要内容包括：

a. 桩的平面位置及编号，桩间距，桩中心线与道路中心线的关系。

b. 桩板式挡土墙起、止点里程，转折点的角度。

c. 排水系统及流向。

d. 主要构件名称的标注。

e. 图说内容：坐标系、挡墙总长度、施工顺序、桩板式挡土墙与相邻构筑物连接处理等。

图 2.20 为龙沙路半岛苑桩板式挡土墙平面布置图。

②桩板式挡土墙立面展开图

以道路纵断面图为基础。主要内容包括：

a. 桩的立面布置及编号，桩间距、桩顶、桩底标高，连系梁和柱的标高。

b. 地质钻孔及地层分界线。

c. 道路纵断面线，设计地面线。

d. 主要构件名称的标注。

e. 图说内容：高程系统，对桩底持力层岩土性质的要求，连系梁变形缝间距要求等。

图 2.21 为桩板式挡土墙立面展开图。

③桩板式挡土墙横断面图

以道路纵断面图为基础。主要内容包括：

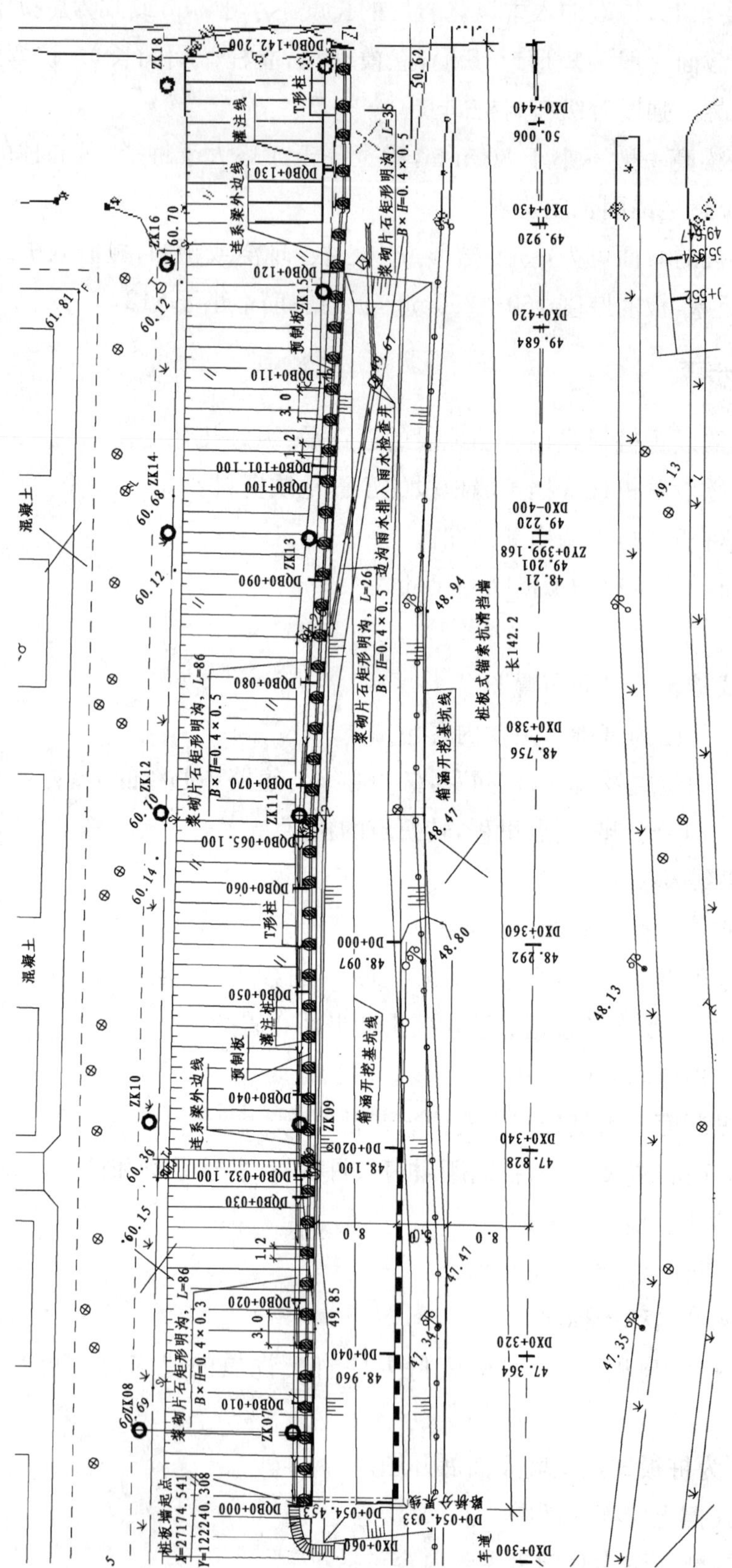

图2.20　桩板式挡土墙平面布置图

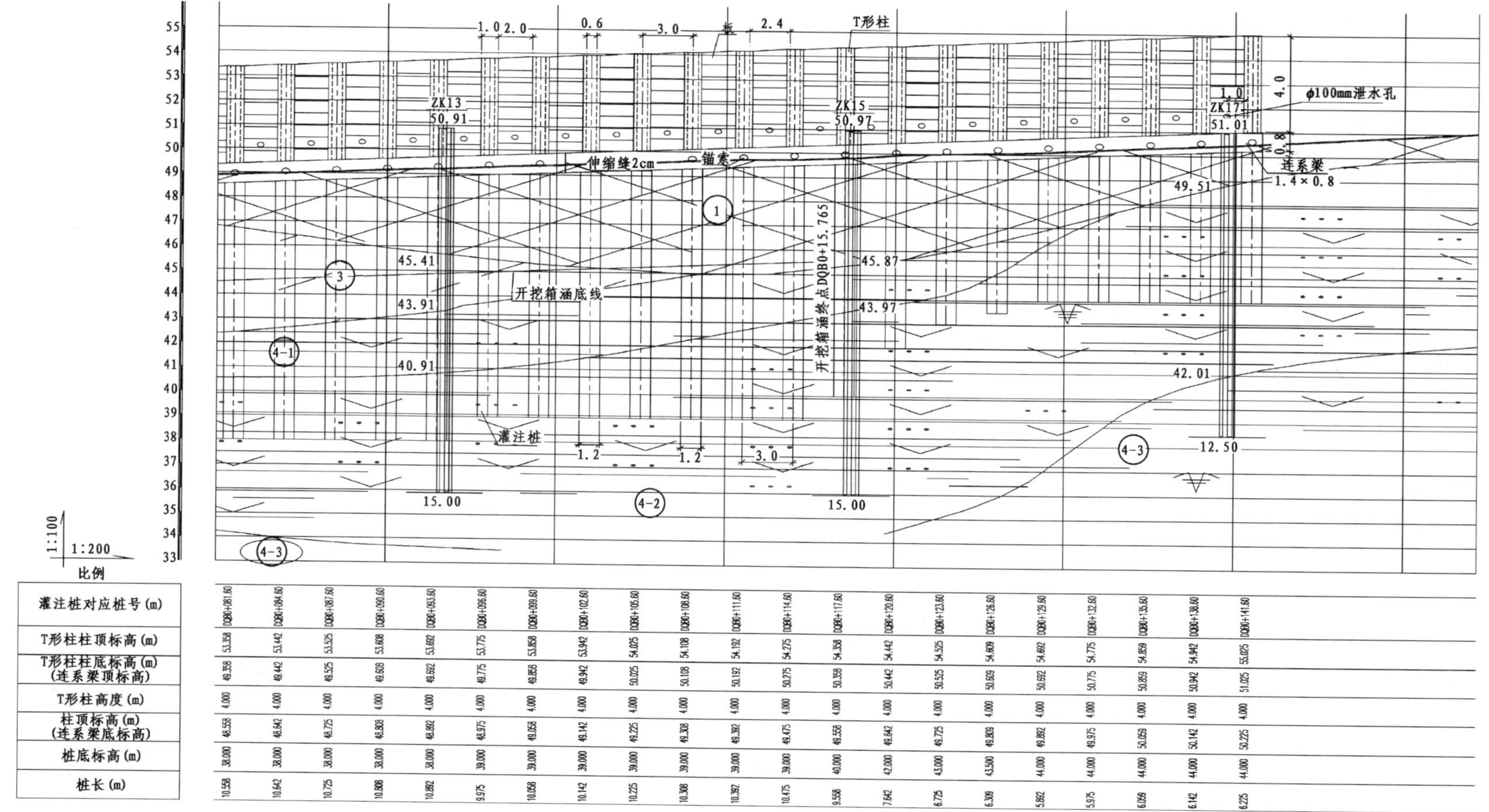

灌注桩对应桩号(m)	DQB0+081.60	DQB0+084.60	DQB0+087.60	DQB0+090.60	DQB0+093.60	DQB0+096.60	DQB0+099.60	DQB0+102.60	DQB0+105.60	DQB0+108.60	DQB0+111.60	DQB0+114.60	DQB0+117.60	DQB0+120.60	DQB0+123.60	DQB0+126.60	DQB0+129.60	DQB0+132.60	DQB0+135.60	DQB0+138.60	DQB0+141.60
T形柱柱顶标高(m)	53.358	53.442	53.525	53.608	53.692	53.775	53.858	53.942	54.025	54.108	54.192	54.275	54.358	54.442	54.525	54.609	54.692	54.775	54.859	54.942	55.025
T形柱柱底标高(m) (连系梁顶标高)	49.358	49.442	49.525	49.608	49.692	49.775	49.858	49.942	50.025	50.108	50.192	50.275	50.358	50.442	50.525	50.609	50.692	50.775	50.859	50.942	51.025
T形柱高度(m)	4.000	4.000	4.000	4.000	4.000	4.000	4.000	4.000	4.000	4.000	4.000	4.000	4.000	4.000	4.000	4.000	4.000	4.000	4.000	4.000	4.000
柱顶标高(m) (连系梁底标高)	48.558	48.642	48.725	48.808	48.892	48.975	49.058	49.142	49.225	49.308	49.392	49.475	49.558	49.642	49.725	49.809	49.892	49.975	50.059	50.142	50.225
桩底标高(m)	38.000	38.000	38.000	38.000	38.000	39.000	39.000	39.000	39.000	39.000	39.000	39.000	40.000	42.000	43.000	43.500	44.000	44.000	44.000	44.000	44.000
桩长(m)	10.558	10.642	10.725	10.808	10.892	9.975	10.058	10.142	10.225	10.308	10.392	10.475	9.558	7.642	6.725	6.309	5.892	5.975	6.059	6.142	6.225

图2.21 桩板式挡土墙立面展开图

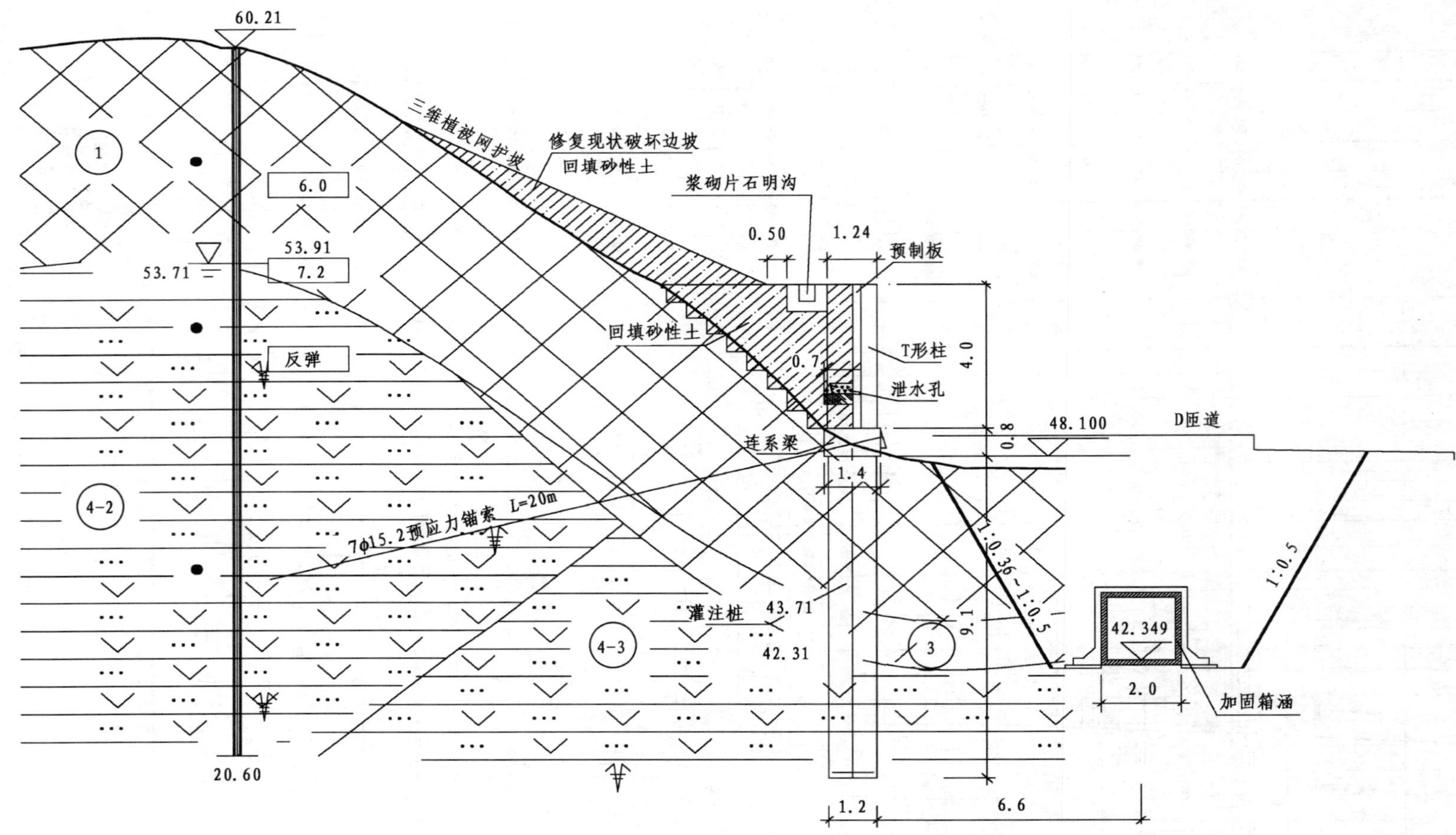

图2.22　桩板式挡土墙横断面图

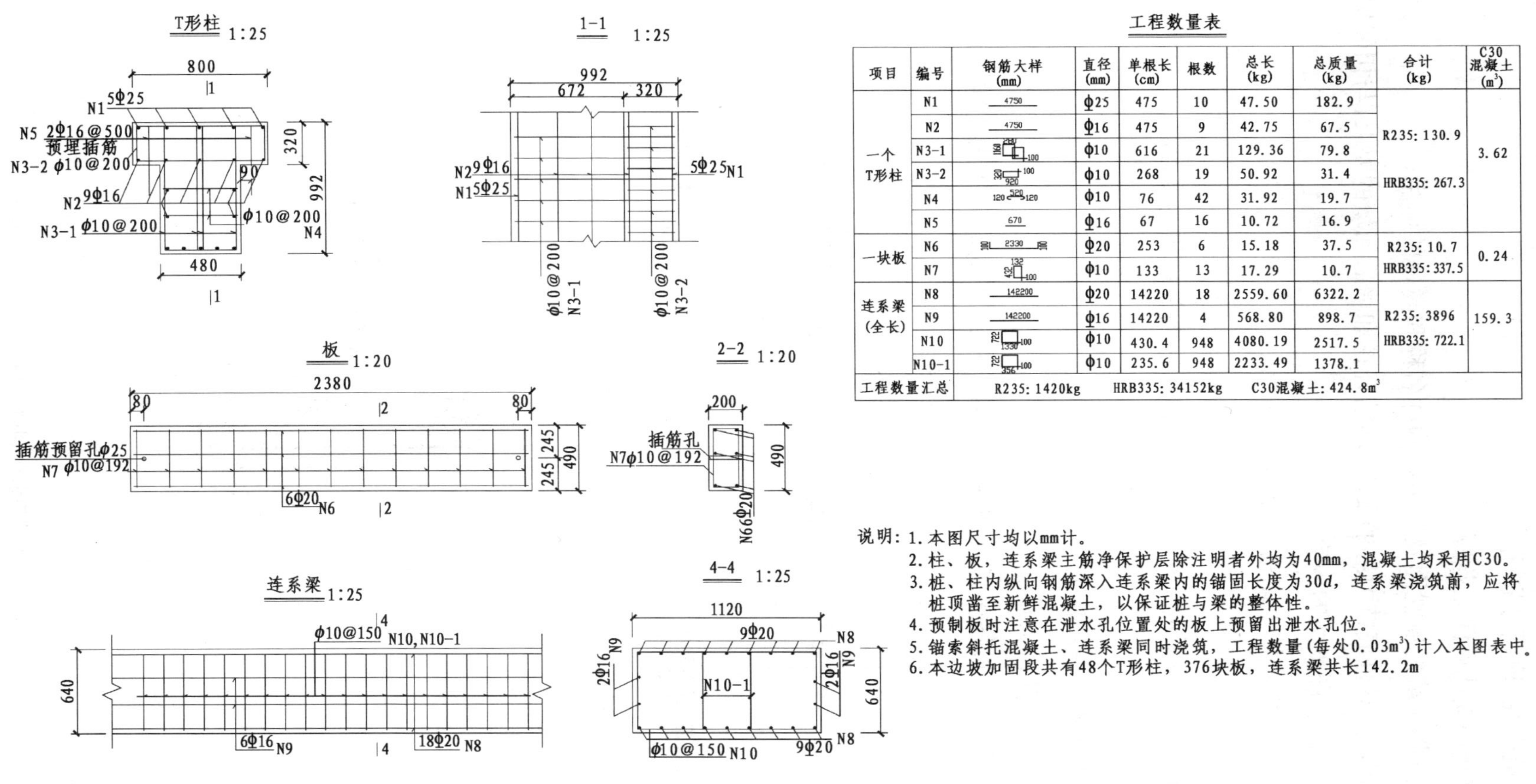

工程数量表

项目	编号	钢筋大样 (mm)	直径 (mm)	单根长 (cm)	根数	总长 (kg)	总质量 (kg)	合计 (kg)	C30混凝土 (m^3)
一个T形柱	N1	4750	Φ25	475	10	47.50	182.9	R235: 130.9 HRB335: 267.3	3.62
	N2	4750	Φ16	475	9	42.75	67.5		
	N3-1	290, 180, 100	ϕ10	616	21	129.36	79.8		
	N3-2	30, 920, 100	ϕ10	268	19	50.92	31.4		
	N4	120, 520, 120	ϕ10	76	42	31.92	19.7		
	N5	670	Φ16	67	16	10.72	16.9		
一块板	N6	30, 2330, 30	Φ20	253	6	15.18	37.5	R235: 10.7 HRB335: 337.5	0.24
	N7	132, 42, 100	ϕ10	133	13	17.29	10.7		
连系梁 (全长)	N8	142200	Φ20	14220	18	2559.60	6322.2	R235: 3896 HRB335: 722.1	159.3
	N9	142200	Φ16	14220	4	568.80	898.7		
	N10	72, 330, 100	ϕ10	430.4	948	4080.19	2517.5		
	N10-1	72, 356, 100	ϕ10	235.6	948	2233.49	1378.1		
工程数量汇总	R235: 1420kg		HRB335: 34152kg			C30混凝土: 424.8m^3			

说明：1. 本图尺寸均以mm计。
2. 柱、板，连系梁主筋净保护层除注明者外均为40mm，混凝土均采用C30。
3. 桩、柱内纵向钢筋深入连系梁内的锚固长度为$30d$，连系梁浇筑前，应将桩顶凿至新鲜混凝土，以保证桩与梁的整体性。
4. 预制板时注意在泄水孔位置处的板上预留出泄水孔位。
5. 锚索斜托混凝土、连系梁同时浇筑，工程数量(每处0.03m^3)计入本图表中。
6. 本边坡加固段共有48个T形柱，376块板，连系梁共长142.2m

图2.23 连系梁、挡土板、T形柱配筋图

a. 现有地面线，地层分界线。

b. 墙前开挖或墙后回填范围。

c. 桩板式挡土墙的侧视图及其主要构件名称和高程的标注。

d. 图说内容：对桩底持力层的要求，墙前开挖和墙后回填的要求，与相邻构（建）筑物的关系等不便用图表达的内容。

图 2.22 为桩板式挡土墙横断面图。

④各种大样图

a. 桩、板、柱、连系梁的配筋图，并反映相互连接关系和连接方法。

b. 水沟大样。

c. 墙面泄水孔设置结构大样。

d. 其他需要表达的大样。

图 2.23 为连系梁、挡土板、T 形柱配筋图，图 2.24 为墙面泄水孔结构大样图。

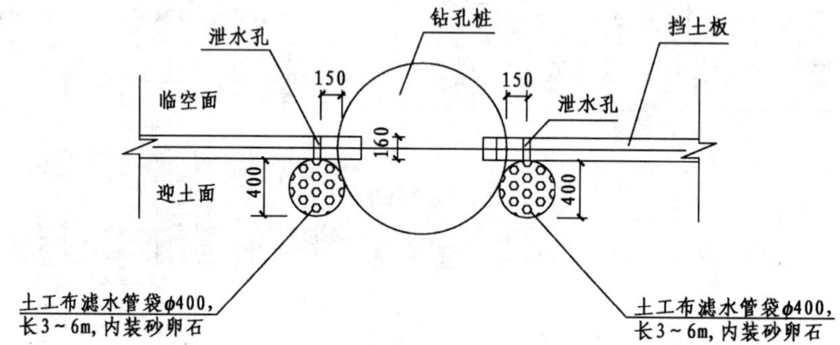

a) 泄水孔平面布置

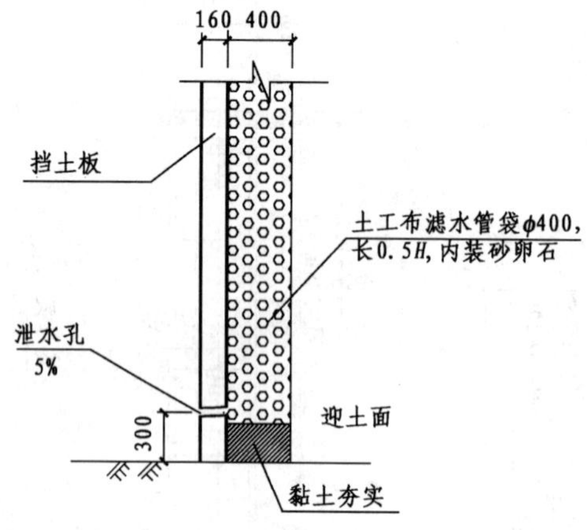

b) 泄水孔侧面

图 2.24　桩板式挡土墙后泄水孔构造图（尺寸单位：mm）

第三节　锚杆挡土墙的设计

一、适用条件及优点

(1)适用于挖方地段的岩质边坡或残积土边坡。

(2)锚杆挡土墙能减少土石方开挖量,并能调动边坡的自立稳定性以获得满意的建筑空间。

(3)施工灵活、简便,对于稳定性较差的边坡,可采用从上往下、分层开挖、分层支护的“逆作法”施工程序。

(4)结构体积小,节约用地,省圬工,具有较好的社会效益和经济效益。

(5)如联合使用预应力锚索,可最大限度地约束边坡的侧向位移,确保坡顶建筑物的安全。

二、结构计算

1. 肋柱支点反力与内力计算

(1)作用于锚杆挡土墙竖向肋柱上的荷载为肋柱中心距范围内的水平土压力 E_{ax}(参见第二章第一节“二”的有关内容),水平土压力在肋柱上的分布,按经验法可简化为(见图 2.25):

$$q=\frac{E_{ax}\cdot L}{0.9H}\quad(\text{kN/m})\tag{2.14}$$

式中:L——肋柱间距(m);

H——肋柱高(m)。

(2)将锚杆挡土墙的竖向肋柱视为支承于锚杆刚性节点上的连续梁或简支梁(见图2.26),若假定肋柱的底端为自由端,且只有两层锚杆时,可按简支梁求解肋柱的支点反力和内力(弯矩和剪力);否则,应按连续梁计算。支点反力求得后,即可算出锚杆所受轴向拉力,详见式(2.18)。

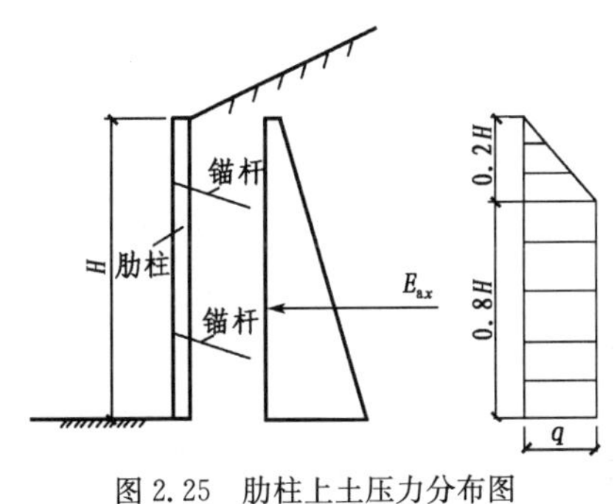

图 2.25　肋柱上土压力分布图

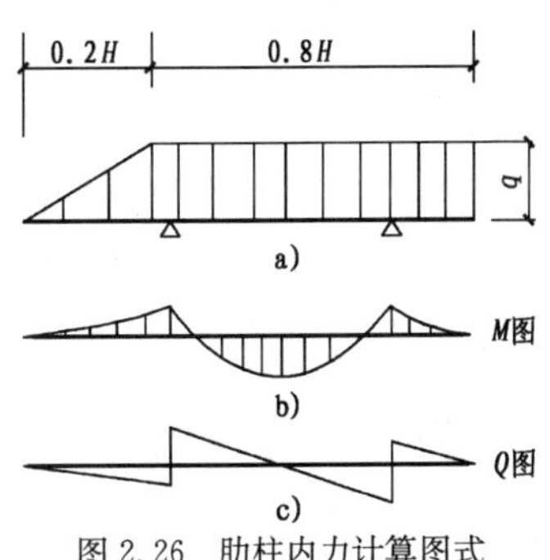

图 2.26　肋柱内力计算图式

算例:已知肋柱高 $H=6\text{m}$,上层锚杆支点距柱顶 1.5m,下层锚杆支点距柱顶 5m,肋柱间距 $L=3\text{m}$,肋柱后坡体综合内摩擦角 $\varphi=34°$,肋柱后坡角 30°(1:1.75),肋柱背倾角(−10°),肋柱背与土体的摩擦角 19°,坡体重度 19kN/m^3(见图 2.27)。

解:按上述已知条件求得库仑土压力系数 $K_a=0.3315$,则肋柱背土压力强度分布为:

$$\sigma_x=\gamma HK_a\cos\theta=19\times6\times0.3315\times\cos(17°-10°)=37.52\text{kPa}$$

主动土压力的水平分量:

$$E_{ax}=\frac{1}{2}\sigma_x H=112.56\text{kN/m}$$

则 E_{ax} 在肋柱背的分布为:

$$q=\frac{E_{ax}\cdot L}{0.9H}=\frac{112.56\times3}{0.9\times6}=62.53\text{kN/m}$$

水平土压力沿肋柱背高的分布 q 求得后,即可按 $\sum M=0$ 和 $\sum Y=0$ 求得简支梁的支座反力为:

$$H_{tk1}=165.09\text{kN}\quad H_{tk2}=172.59\text{kN}$$

两支点反力大致相等,锚杆布置较合理。

同理,可求得简支梁的弯矩和剪力,在此不再赘述。

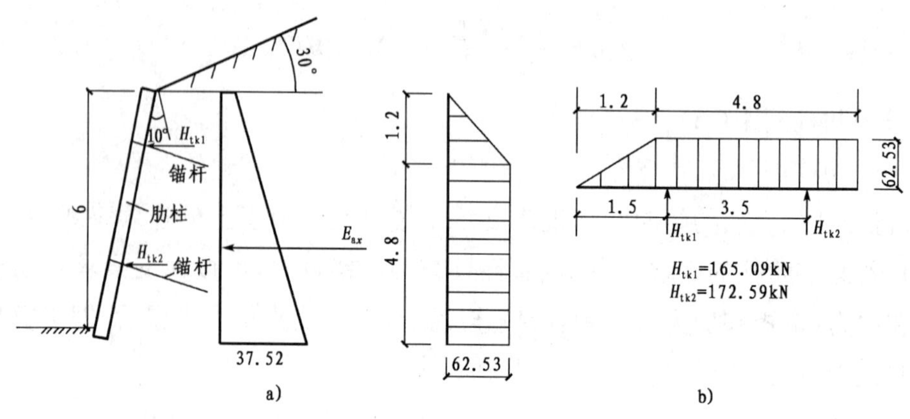

图 2.27 算例图

上述整个计算,用 Excel 表可方便完成。

2. 挡土板内力计算

按简支板对待,则

板跨中弯矩 $$M=\frac{q_i l^2}{8}\quad(\text{kN}\cdot\text{m})\tag{2.15}$$

板端剪力
$$Q=\frac{q_i l}{2}\quad (\text{kN}) \tag{2.16}$$

式中：q_i——最下一层挡板底边的分布荷载；

l——板的计算跨长。

3.锚杆计算

(1)锚杆轴向拉力(见图 2.28)：根据将肋柱作为简支梁或连续梁所求得的支点反力计算，其公式为：

所受轴向拉力标准值
$$N_{\text{ak}}=\frac{H_{\text{tk}}}{\cos\alpha}\quad (\text{kN}) \tag{2.17}$$

所受轴向拉力设计值
$$N_{\text{a}}=\frac{\gamma_{\text{Q}} H_{\text{tk}}}{\cos\alpha}\quad (\text{kN}) \tag{2.18}$$

式中：H_{tk}——肋柱支点反力，即锚杆所受水平拉力；

γ_{Q}——荷载分项系数，一般取 1.3；

α——锚杆水平倾角。

(2)锚杆钢筋或锚索钢绞线截面积按下式计算：

$$A_{\text{s}}=\frac{\gamma_0 N_{\text{a}}}{\xi_2 f_{\text{y}}} \tag{2.19}$$

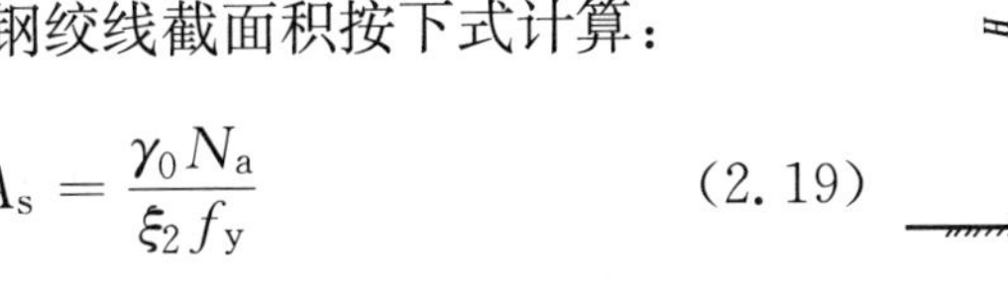

图 2.28　锚杆轴向拉力计算图式

式中：γ_0——边坡重要性系数，1.0～1.1；

ξ_2——锚筋抗拉工作条件系数，一般取 0.69；

f_{y}——锚筋抗拉强度设计值，HRB335 钢筋 300MPa，1×7 钢绞线 1320(1260)MPa。

(3)锚杆(索)的长度：锚杆的长度由自由段长度和锚固段长度组成。

①锚杆锚固体与地层的锚固长度按下式计算：

$$L_{\text{a}}=\frac{N_{\text{ak}}}{\xi_1 \pi D f_{\text{rb}}} \tag{2.20}$$

式中：ξ_1——工作条件系数，一般取 1.0；

D——锚固体(钻孔)直径；

f_{rb}——地层与锚固体黏结强度特征值，详见《建筑边坡工程技术规范》(GB 50330—2002)表 7.2.3-1 和表 7.2.3-2。

②锚杆的自由长度按外锚头至潜在滑裂面的长度确定：

$$l_{\text{b}}=H_i\tan\left(45^\circ-\frac{\varphi}{2}\right) \tag{2.21}$$

式中：H_i——外锚头的高度；

φ——墙背岩土的内摩擦角。

三、结构设计

(1)多级锚杆挡土墙每级高度不宜超过 8m,上下级之间应留 2m 宽平台,肋柱间距一般为 3～5m。

(2)锚杆挡土墙的墙面可为格构梁、板肋式墙面或墙板式墙面。格构梁的竖梁或板肋式墙面的竖肋的断面一般为矩形,最小尺寸为 300mm×300mm,板的厚度为 200～250mm。墙板式墙面内应设暗肋,暗肋配筋按暗柱处理。肋、板均采用 C25 或 C30 混凝土现浇。肋柱主筋不小于ϕ 16,板内主筋一般为ϕ 12@150～200mm。

(3)肋柱可设独立基础或条形基础,基础厚度为 300～500mm,C15 混凝土现浇。

(4)锚杆挡土墙的竖向变形缝间距宜为 25m 左右,变形缝处的肋间距可适当缩小。

(5)墙面板应设泄水孔,参见桩板式挡土墙的图 2.24。

(6)锚杆设于肋柱上,可为两层或多层,第一层锚杆宜低于柱顶 1.5～2m,上下层锚杆间距不宜小于 2.5m。锚杆在肋柱上的布置应尽量使肋柱的受力均匀,即肋柱"支承点"的弯矩、反力大致相等。

(7)锚杆钢筋一般为ϕ 25～ϕ 32,钻孔直径为 110～130mm;锚索钢绞线常用 1×7 ϕ15.2。

(8)锚孔注浆采用孔底注浆法,水泥砂浆强度不低于 M30。

(9)预应力锚索设计的有关要求参见第一章第五节有关内容。

四、设计步骤

(1)参见第二章第二节桩板式挡土墙。

(2)非预应力全黏结锚杆大样图与土钉相同,预应力锚索大样参见第一章第五节有关内容。

第四节　土钉墙的设计

一、适用条件及优点

(1)适用于土质或较破碎软弱岩质挖方边坡。

(2)无需大型钻机,由上而下分级开挖、分级钻孔设土钉,无需搭设施工平台,施工简便,造价低。

(3)施工时,对环境干扰小,适宜在城市地区采用。

(4)结合微型桩或钢管桩使用,可最大限度地减小土钉墙的侧向位移。

(5)松散砂土、未完成自重固结的填土、软塑黏土以及有丰富地下水水源的条件下，不应单独采用永久性土钉支护。

二、结构计算

1. 单个土钉所受轴向拉力的标准值 E_i

可按下式计算(见图 2.29)：

$$E_i = \frac{\sigma_i s_x s_y}{\cos\beta} \quad (\text{kN}) \tag{2.22}$$

式中：σ_i——沿墙高分布的水平土压应力；

$h_i \leqslant \frac{H}{3}$时 $\sigma_i = 2\gamma h_i \tan^2\left(45° - \frac{\varphi}{2}\right)\cos\alpha \quad (\text{kPa})$ (2.23)

$h_i > \frac{H}{3}$时 $\sigma_i = \frac{2}{3}\gamma H \tan^2\left(45° - \frac{\varphi}{2}\right)\cos\alpha \quad (\text{kPa})$ (2.24)

s_x、s_y——土钉水平、垂直间距；

α——墙背与垂直面的夹角；

β——土钉倾角。

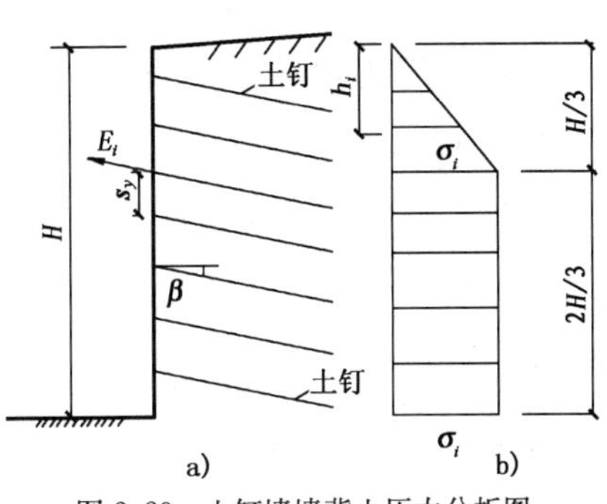

图 2.29 土钉墙墙背土压力分析图

2. 土钉内部稳定计算

土钉的内部稳定包括土钉钢筋的抗拉力、土钉的抗拔力和土钉墙的整体圆弧滑动稳定三部分内容。

(1)土钉的抗拉力由钢筋截面 A_s 控制：

$$A_s = \frac{T_i}{f_y} = \frac{K_1 E_i}{f_y} \tag{2.25}$$

式中：K_1——安全系数，取 1.8～2.0；

T_i——土钉轴向拉力设计值；

其他符号意义同前。

(2)土钉的抗拔力由土钉的锚固长度 L_a 控制：

$$L_a = \frac{T_i'}{\pi D f_{rb}} = \frac{K_2 E_i}{\pi D f_{rb}} \quad (\text{m}) \tag{2.26}$$

式中：K_2——安全系数，取 1.8～2.5；

其他符号意义同前。

(3)土钉墙内部整体滑动稳定一般采用圆弧法(见图 2.30)检算，其计算原理与式(1.2)基本相同，只是在分子的抗滑力中增加了土钉的抗滑力，即：

$$K = \frac{\text{滑面上的抗滑力}}{\text{滑面上的下滑力}} = \frac{\sum W_i \cos\alpha_i \tan\varphi s_x + \sum c_i l_i s_x + \sum E_i \cos\beta + \sum E_i \sin\beta \tan\varphi}{\sum W_i \sin\alpha_i s_x} \tag{2.27}$$

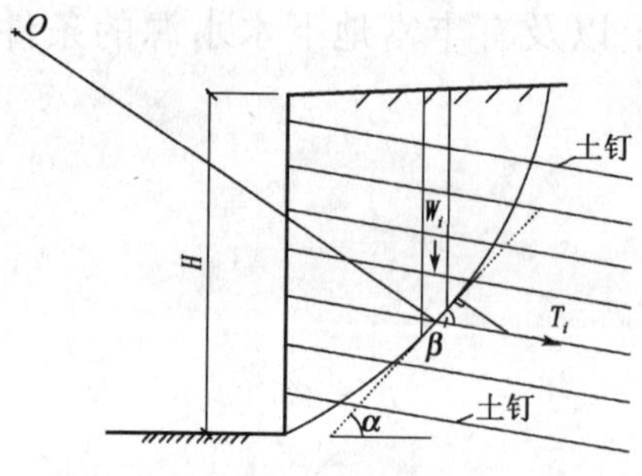

要求滑动稳定系数 $K \geqslant 1.3 \sim 1.5$。

式中：E_i——土钉所受拉力的标准值；

β——土钉与滑裂面的夹角；

s_x——土钉纵向间距，其他符号意义与式(1.2)相同。

3. 土钉墙的外部稳定计算

图 2.30　土钉墙内部整体滑动稳定分析图

(1)将土钉及其加固范围内的土体视为一假想重力式挡土墙，按重力式挡土墙验算其抗倾覆、抗滑动及地基承载力。

(2)由于假想重力式挡土墙的宽度等于土钉的长度，因此土钉的长度有时会由外部稳定条件控制。

三、结构设计

(1)单级土钉墙的高度不应大于 10m，一般为 6～8m，多级土钉墙的总高度不宜大于 18m，上下两级之间设 2m 宽平台。

(2)土钉的长度应满足圆弧滑动破裂面和外部稳定要求。土钉长度沿墙高的布置可下短上长，最短不应短于 0.5 倍墙高，且不得小于 3m，以满足假想重力式挡土墙底宽对地基承载力的要求。土钉墙的实测资料表明，墙顶水平位移往往大于墙脚处的位移(见图 2.31)，因此，土钉长度可取 1.0～1.2 倍墙高，以约束坡顶土体的水平位移。

(3)土钉的间距不应大于 2m，一般为 0.75～1.5m。实测资料表明(见图 2.32)，墙后土压力沿墙高的分布为上下小、中间大，因此，有规范主张，墙高中部土钉宜适当加密。

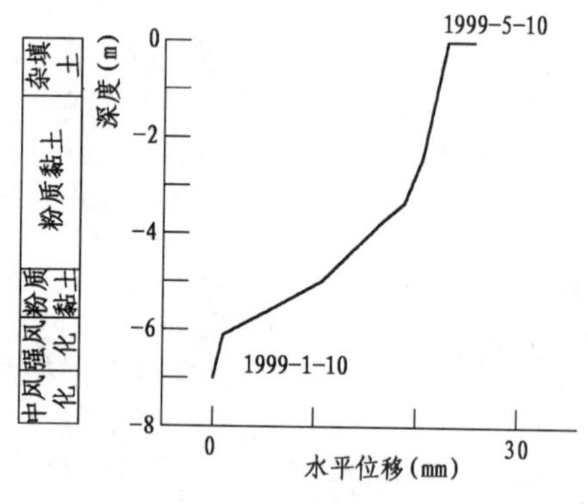

图 2.31　土钉墙水平位移沿深度的分布图

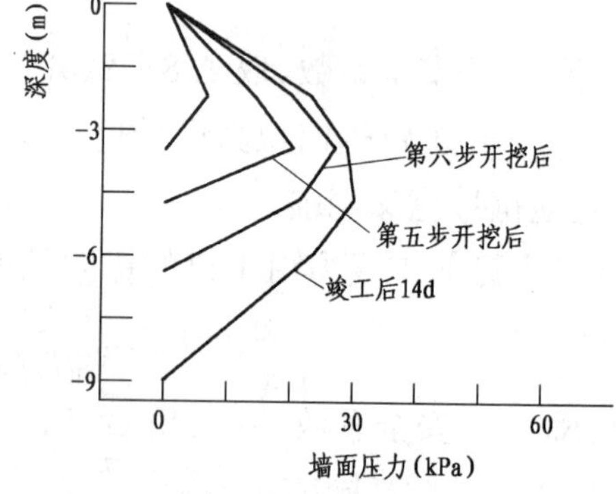

图 2.32　土钉墙墙面压力沿深度的分布图

(4)土钉的锚筋一般采用钢筋，钢筋直径为 20～32mm，较软弱土质中也可采用 ϕ42钢花管。钻孔直径为 110～130mm，钉孔注浆采用 M30 水泥浆或水泥砂浆。

(5)临时性土钉墙，如基坑开挖，可采用网喷混凝土墙面，厚度 100mm，C20 混凝土，钢筋网间距 150～200mm，钢筋直径 6～8mm。

（6）为美观计，永久性土钉墙不宜采用网喷混凝土墙面，可采用菱形格构梁或板肋式墙面，C25 混凝土现浇，构造配筋。

（7）土钉墙顶 2m 范围内应设防水封闭层和截水沟，若采用封闭式墙面，墙面应设泄水孔。

四、施工设计出图

（1）平面图：以道路平面图为基础，示出墙的平面位置，起、止点里程，排水系统及流向等。

（2）立面展开图：墙高，墙面结构及标注，高程等。

（3）横断面图：道路中心线，路面标高，墙的横断面结构及标注，排水沟位置等。

（4）大样图：土钉大样，墙面结构大样等。

五、设计实例图

1. 横断面图（见图 2.33）

2. 土钉墙墙面构造图（见图 2.34、图 2.35）

3. 土钉大样图（见图 2.36）

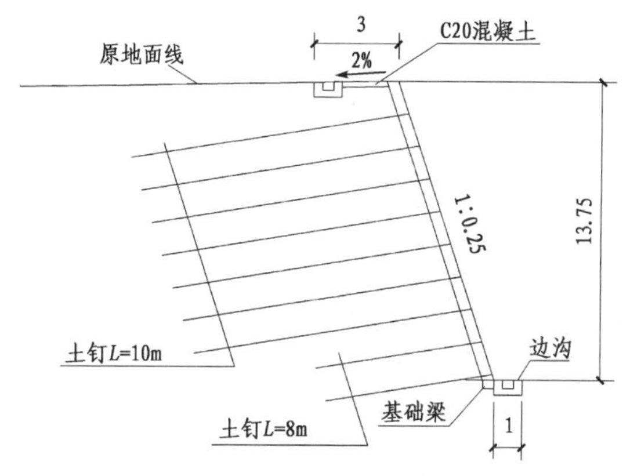

图 2.33　土钉墙横断面图

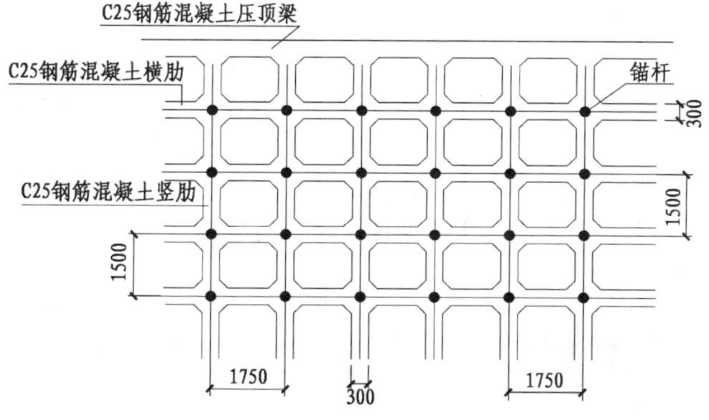

图 2.34　永久性土钉墙面构造图(一)

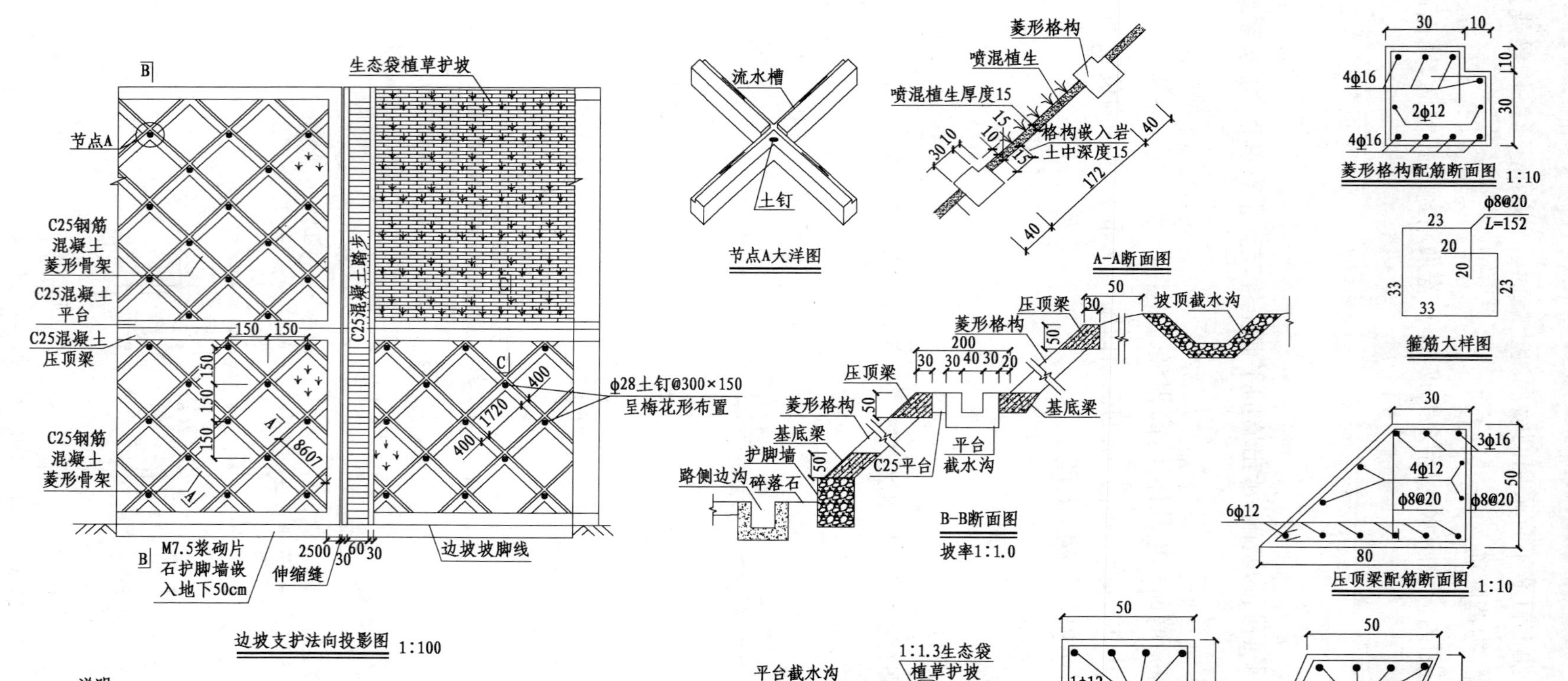

说明:

1. 本图尺寸除钢筋直径以mm计外，其余均以cm计。
2. 边坡支护形式为C25钢筋混凝土菱形格构+土钉支护。
3. C25钢筋混凝土菱形格构截面尺寸为：宽×高=0.4m×0.4m，嵌入坡面岩土层15cm。
4. 土钉在坡面法向投影图上呈梅花形布置：3m×5m。
5. 坡面绿化形式是在钢筋混凝土菱形格构网内客土、植草，或喷播混植生，在生态袋上播种、植草，具体详见有关专业的绿化图纸。
6. 伸缩缝设置：沿坡面纵向每20~30m左右设置一道，缝宽为2cm，内填塞沥青麻絮或沥青木板，沿内外顶三方填塞深度不小于15cm。
7. 菱形格构主筋净保护层迎水面厚度为40mm，在菱形格构角点处，顶层主筋向下弯折通过流水凹槽

图2.35 永久性土钉墙面构造图（二）

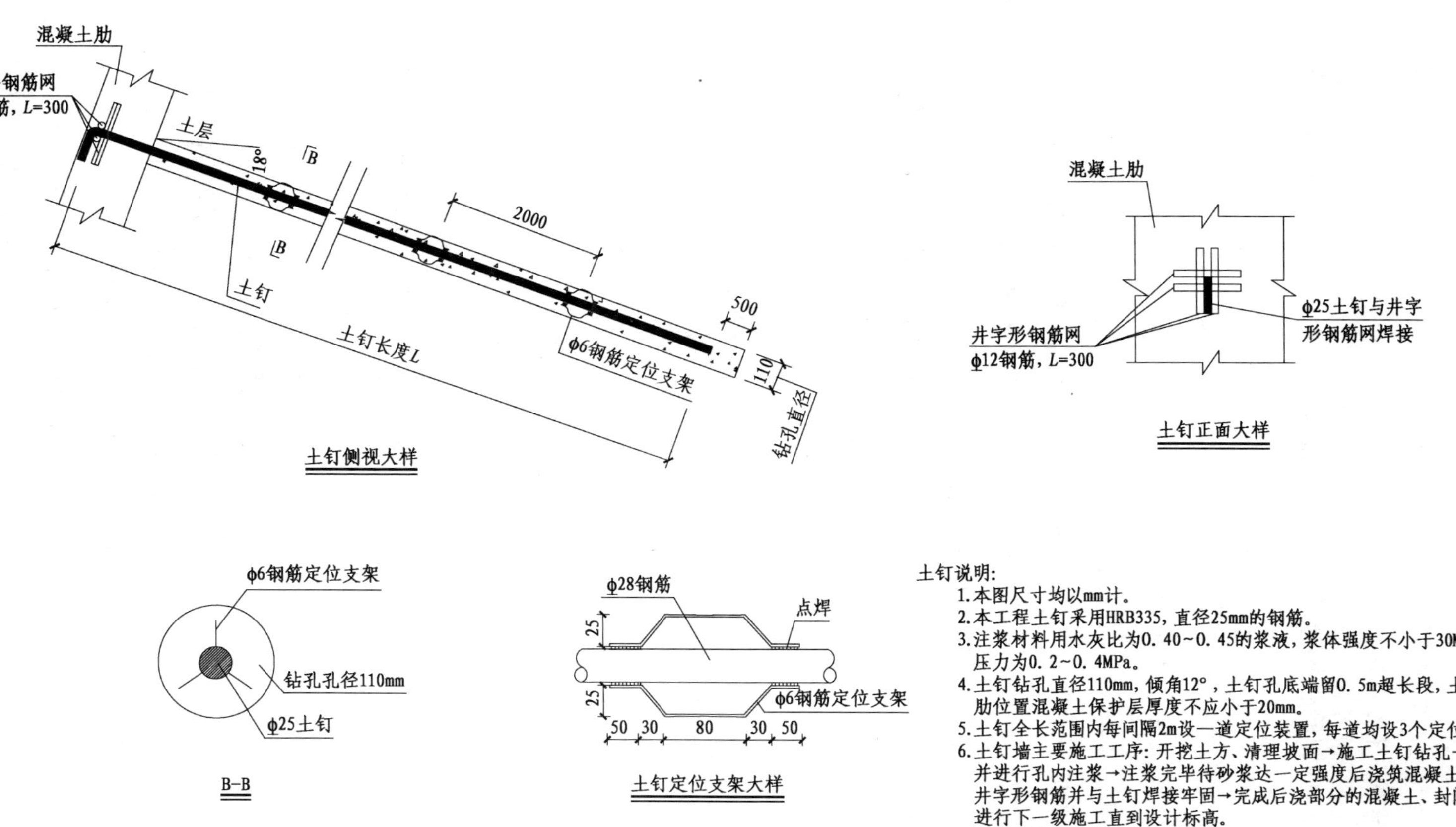

土钉说明：

1.本图尺寸均以mm计。
2.本工程土钉采用HRB335，直径25mm的钢筋。
3.注浆材料用水灰比为0.40~0.45的浆液，浆体强度不小于30MPa，注浆压力为0.2~0.4MPa。
4.土钉钻孔直径110mm，倾角12°，土钉孔底端留0.5m超长段，土钉在横竖肋位置混凝土保护层厚度不应小于20mm。
5.土钉全长范围内每间隔2m设一道定位装置，每道均设3个定位支架。
6.土钉墙主要施工工序：开挖土方、清理坡面→施工土钉钻孔→安放土钉并进行孔内注浆→注浆完毕待砂浆达一定强度后浇筑混凝土肋→放置井字形钢筋并与土钉焊接牢固→完成后浇部分的混凝土、封闭土钉→再进行下一级施工直到设计标高。
7.其他未尽事宜参见有关规范

图2.36　土钉构造大样图

第五节　加筋土挡土墙的设计

一、用途与类型

在公路工程中，加筋土挡土墙(Mechanically Stabilized Earth Wall)一般用于填筑路肩墙和路堤墙。

常见的加筋土挡土墙类型有下列几种：

(1)单墙面式加筋土挡土墙：这是加筋土挡土墙的基本类型，适用于线路通过陡坡地段的路肩墙(见图 2.37a)和路堤墙(见图 2.37b)。

(2)双墙面式加筋土挡土墙：当场地受限，填方无放坡条件时或作为立交引道时，宜采用双墙面式加筋土挡土墙(见图 2.37c)。双墙面加筋土挡土墙的拉筋尾部重叠时，应用 5cm 厚的填土隔开，避免直接接触。

(3)台阶式加筋土挡土墙：高填方地段，当采用单级加筋土挡土墙的高度很高时(如 10m 以上)，宜将加筋土挡土墙分级，修建成台阶状(见图 2.37d)。

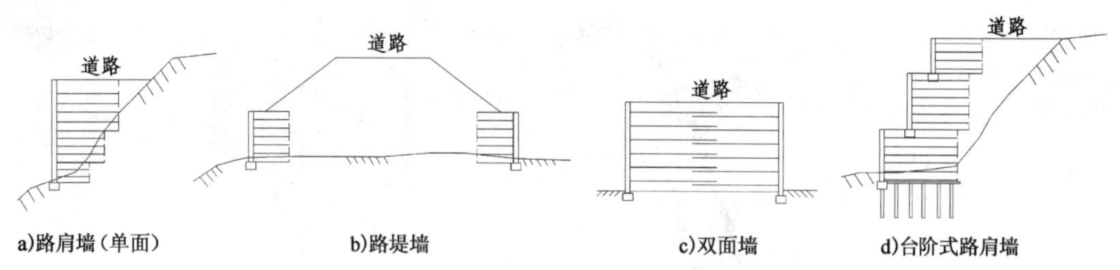

图 2.37　公路加筋土挡土墙常用类型

二、构造

公路加筋土挡土墙一般由帽梁、墙面、基础、拉筋、填料及排水系统构成(见图 2.38)。拉筋与填料交替铺设而成的复合体称之为加筋体。

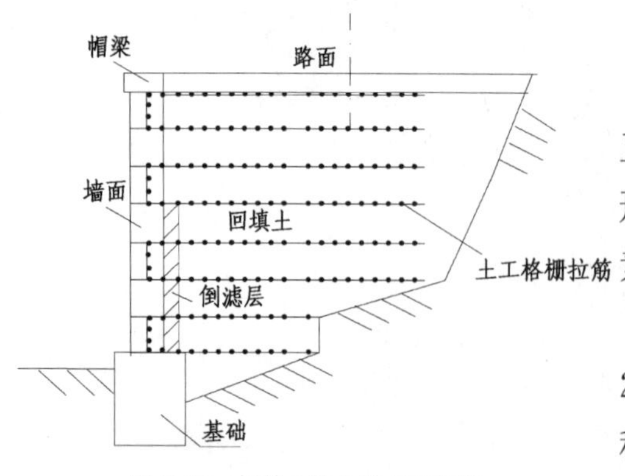

图 2.38　加筋土挡土墙主要构造

1. 加筋体

加筋体的断面形式一般有矩形、倒梯形、正梯形或正倒梯形的复合(见图 2.39)。断面形式的选择应根据墙高、地质地形条件等因素经稳定性验算确定。

墙高在 5m 以内宜采用矩形断面(见图 2.39a)，即拉筋长度在墙高范围内均等长，这种断面形式是根据最小拉筋长度的要求提出来的。试验表明，最小拉筋长度应为 3m，否则有被拔出的可能，因此为简便计，可采用全墙高等长度加筋的布置形式。

在斜坡地段填筑加筋土体时，由于地形条件限制和减少开挖量，可采用倒梯形断面，即拉筋长度沿墙高上长下短（见图 2.39b）。这种断面形式符合库仑破裂面的情况，即破裂面与水平面成($45^\circ+\varphi/2$)角度，根据加筋土的后拉锚原理，只有伸出破裂面后方的加筋长度才是有效锚固长度，这种破裂面形成的滑动楔体上宽下窄，因此，加筋的长度也就随填土深度的增加而减短。

在宽敞的填方地段，可用正梯形断面（见图 2.39c），即拉筋的长度沿墙高上短下长。这种断面形式是根据传统的重力式挡土墙的断面形式提出来的，也就是说，将加筋体视为墙背仰斜的重力式挡土墙，该重力式墙体本身是稳定的，破裂面向后位移至加筋体以外，按传统土压力理论（沿墙高呈三角形分布），这种“重力式挡土墙”的断面是上小下大。

当单级加筋土挡土墙的高度较高时，为节省筋材而又安全稳定，复合形断面加筋体便应运而生（见图 2.39d），它既满足破裂面形状上宽下窄的要求，又满足土压力上小下大的要求。

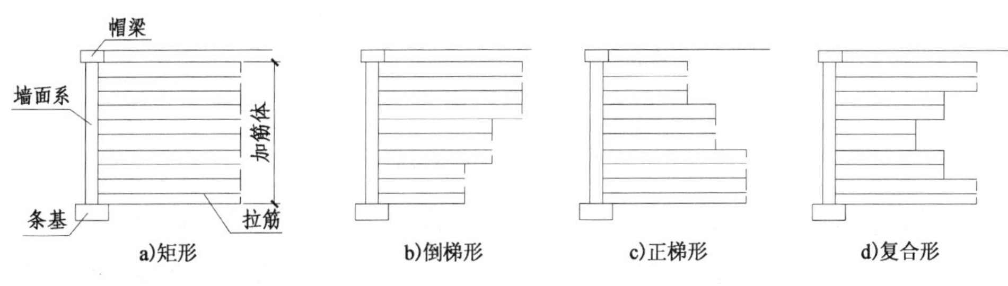

图 2.39　加筋土体断面形式

2. 帽梁

帽梁在标高上可起到协调加筋土挡土墙墙顶与线路纵坡的作用，同时，帽梁背后不铺设拉筋也为地下管线预留了空间。

帽梁一般为圬工结构，采用浆砌条石砌筑或 C20 混凝土现浇。

帽梁顶宽一般为 60cm，正梯形断面，高度视墙后管线铺设要求而定，一般不大于 1.5m。帽梁顶部应设人行防护栏杆。

3. 墙面系

1）功能与类型

墙面系是指墙面板构件的形式及其连接方式。根据加筋土挡土墙的基本原理，加筋土挡土墙是一种自立稳定性较高的复合体，其横向土压力主要由筋土之间的视摩阻力平衡，而不单靠墙面支挡。墙面系的主要功能是挡住紧靠墙背附近的填土和保护土工合成材料拉筋免遭日光照射，因此墙面板的强度满足构造要求及其在运输堆码中的受力要求即可。

墙面系的选择应根据墙的高度、拉筋与墙面的连接方式而定，以能最大限度地控制墙面侧向变形和协调周围环境景观为原则。

墙面系一般可采用组合模块式(Prefabricated Modular Block facing)、新型格宾(石笼)式(Gabion Facing)。

2)组合模块式墙面

在加筋土技术传入我国初期，即20世纪八九十年代，加筋土挡土墙的墙面厚度只有15cm左右。工程实践表明，这种墙面往往会产生"鼓肚"变形，尤其是墙较高时，这种变形最终会导致墙面垮塌。因此，本文推荐采用大厚度组合模块式墙面。

组合式模块墙面由预制素混凝土模块联锁组砌而成，如图2.40a)、b)所示。

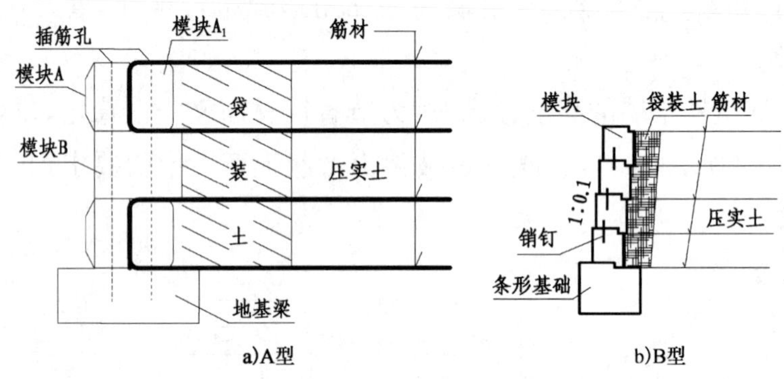

图2.40 组合模块式墙面

单个模块外形尺寸一般为：长50～150cm，高30～60cm，厚25～40cm；模块可以实心或空心内填土；模块混凝土等级不低于C25。模块的构造形式繁多，可根据造型、受力及墙面稳定性而定，本文只给出了A型与B型两种组合模块。

模块在高度方向应设键或槽以及销钉孔，以增强墙面的整体稳定性。模块之间一般为干砌，以适应柔性结构的变形要求。组合式模块墙面与拉筋的连接方式分为刚性连接(见图2.41)和摩擦连接(见图2.42)。所谓刚性连接是指拉筋从组合模块之间绕过，其连接破坏方式为拉断；摩擦连接是拉筋铺设于上、下模块之间，其连接破坏方式为拔出。北美国家6m高度左右的加筋土挡土墙多采用摩擦连接，我国刚性连接的加筋土挡土墙的高度已突破10m，两种连接方式的力学参数一般应根据具体情况通过实验确定。

3)格宾(石笼)式墙面

格宾(石笼)式墙面由塑裹镀锌钢线笼箱组砌而成，如图2.43所示。格宾式墙面可抵抗4～5m/s的水流冲刷，适宜于护岸墙。

石笼墙作为一种护坡支挡结构形式已经有半个多世纪了，过去由于"铁丝"的质量问题，防腐蚀寿命差，故对石笼的应用有所顾忌。随着时代的进步和科学技术水平的提高，近20年来，由于塑裹合金钢丝的问世，美国、意大利等国家采用这种钢线制作石笼，并命以新的名称——格宾(Gabion)，修建了大量的格宾护坡(岸)墙。尤其在盛产石料和漂卵石的地区，格宾墙有很好的经济效益。既然格宾可单独做墙，那么减少其断面尺寸用来做加筋土挡土墙面也就顺理成章了。格宾式加筋土挡土墙对软弱地基上的河岸防护有独特的经济、技术价值。目前我国已有多家塑裹合金钢丝生产厂可解决格宾的制作问题。合金钢丝是在出炉前柔和了锌、稀土、铝、钼等合金成分，然后经机器编制成六边形绞和钢丝网片，最后在现场组合成笼箱。

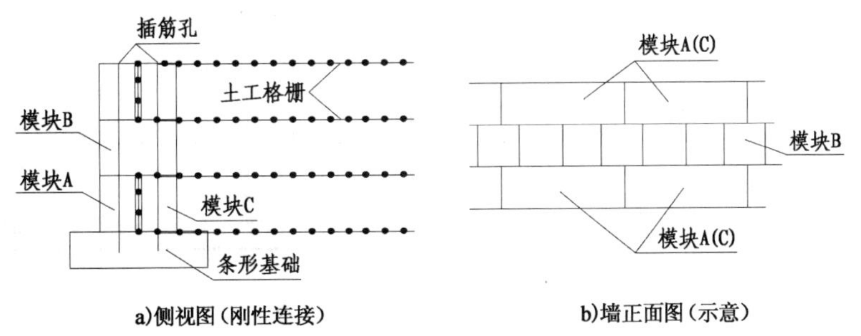

图2.41 拉筋与A型组合模块墙面的连接

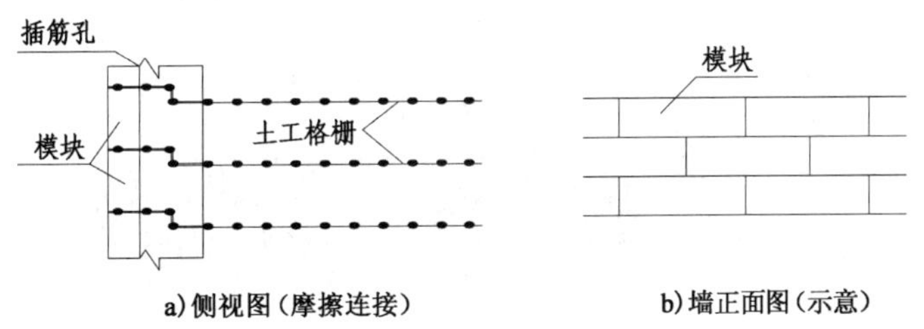

图2.42 拉筋与B型组合模块墙面的连接

格宾笼箱长2～4m，宽1.0～1.5m，高1.0m(见图2.44)，中间设隔板。塑裹合金钢线的钢丝直径为2.2～3.5mm，含锌量不小于240g/m²。合金钢丝比低碳钢丝更耐腐蚀，使用寿命为50年以上。

格宾笼内填坚硬石块，尺寸不小于笼箱网孔大小，石块棱角可凸出网孔。

格宾箱墙面与拉筋采用摩擦连接，如图2.43a)所示。

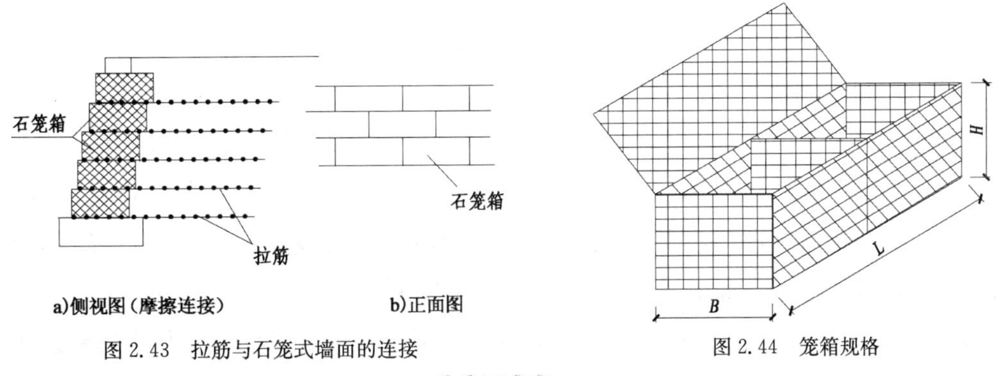

图2.43 拉筋与石笼式墙面的连接

图2.44 笼箱规格

图 2.45 为格宾墙实景图。格宾技术参数见表 2.1。

格宾技术参数表

表 2.1

<table>
<tr><td rowspan="3">规格型号</td><td colspan="3">L=长度
(m)</td><td colspan="2">W=宽度
(m)</td><td>H=高度
(m)</td><td colspan="2">隔板数量
(个)</td></tr>
<tr><td colspan="3">1.5/2/2.5/3/3.5/4</td><td colspan="2">1</td><td>1</td><td colspan="2">0/1/1/2/2/3</td></tr>
<tr><td colspan="8">注:G4×1×1,长度 4m、宽度 1m、高度 1m 的合金钢丝格宾,内部按照 1m 间隔布置隔板,长度、宽度、高度容许公差±5%</td></tr>
<tr><td rowspan="2">网孔型号</td><td>产品名称</td><td colspan="2">网孔型号 (mm)</td><td colspan="2">D(mm)</td><td colspan="2">公差</td><td>网面钢丝</td></tr>
<tr><td>合金钢丝格宾</td><td colspan="2">90×120</td><td colspan="2">90</td><td colspan="2">+16%/-4%</td><td>2.6</td></tr>
<tr><td rowspan="4">钢丝参数</td><td colspan="2">钢丝类型</td><td colspan="2">网面钢丝</td><td colspan="2">边端钢丝</td><td colspan="2">绑扎钢丝</td></tr>
<tr><td colspan="2">钢丝直径(mm)</td><td colspan="2">2.6</td><td colspan="2">3.2</td><td colspan="2">2.2</td></tr>
<tr><td colspan="2">钢丝直径公差(±)(mm)</td><td colspan="2">0.06</td><td colspan="2">0.07</td><td colspan="2">0.06</td></tr>
<tr><td colspan="8">注:钢丝的抗拉强度应不小于 450N/mm²。钢丝直径、公差均指未拉伸前</td></tr>
</table>

图 2.45　格宾墙实景

4)墙面系的竖向设计

墙面一般为直立形,也可采用 1∶0.05～1∶0.3 的内倾坡形,但严禁外倾。

加筋土挡土墙墙面是由模块砌筑而成的,因此其高度必须为模块高度的模数,但该模数往往不能与线路高程相协调,为此,墙面顶部可按线路纵坡要求做成台阶形,墙顶以上采用现浇(砌)帽梁将高程补齐,使其与线路纵坡一致。

调查表明,自 20 世纪 80 年代以来,各地修建的高大加筋土挡土墙(高度 10m 以上)均有不同程度的变形,有的已达到令人不安的状况,当然,在局部坍塌事故中,高大加筋土挡土墙所占比例也大一些。因此,为慎重起见,单级墙高不宜大于 12m。多级加筋土挡土墙中,每级高度以 6m 为宜,每级台阶宽不小于 2m。

台阶顶面及上级墙面基底土可按图 2.46 予以处理。

4. 地基基础

墙面底部应设置基础,基础襟边宽度不小于 15cm,基础厚度不小于 40cm。基础的埋置深度:

(1)一般情况下,土质地基不小于 60cm,岩石地基可适当减小。

(2)受水流冲刷时,冲刷线以下 1m。

(3)受冻胀影响时,冰冻线以下 0.25m。

(4)位于较陡斜坡上的墙面基础的埋置深度应满足下列要求(见图 2.47):

岩石地基:$l\geqslant 1.0$m　$h\geqslant 0.6$m

非岩石地基:$l\geqslant 1.5$m　$h\geqslant 1.0$

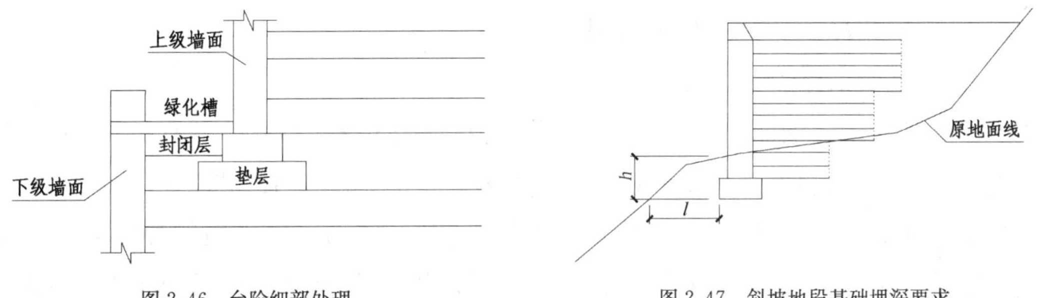

图 2.46　台阶细部处理　　图 2.47　斜坡地段基础埋深要求

墙址处地面有纵坡时,可结合地形将基础做成台阶形,但基顶高程必须满足墙面模块高度的模数要求,如图 2.48 所示。

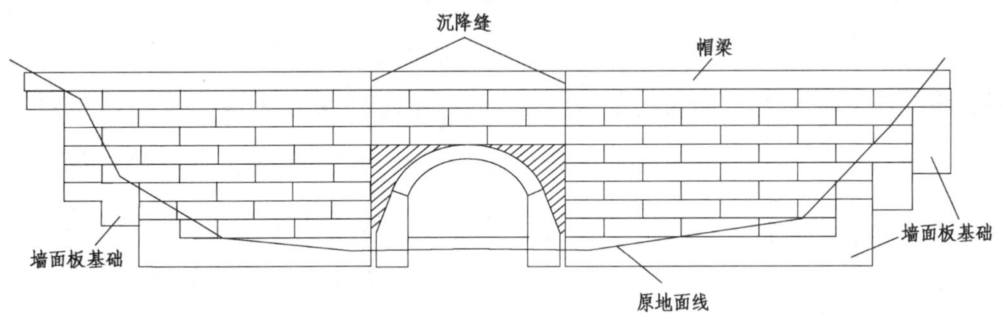

图 2.48　加筋土挡土墙纵向基础的划分

位于软弱地基上的加筋土挡土墙,当地基承载力不满足要求时,应进行地基处理。值得指出的是,这里所说的地基,不仅仅指墙面板基础下的地基,而且还包括加筋体下的地基。处理方法可选用换填砂石垫层、排水固结、桩承加筋土垫层等。换填范围应包括加筋体底部下一定范围的地基土。

5. 填料

填料为加筋土结构的主体材料。选择填料的基本原则是要保证填料与拉筋之间有足够的摩擦力，并在结构中不产生孔隙水压力，因此，加筋土的填料一般为砂性土，坡、残积土均可。我国建成的加筋土工程均贯彻了就地取材的方针，采用当地的土作为填料，一般要求最大颗粒不得大于 150mm，以利压实。此外，采用土工合成材料作拉筋时，填料中不能含有铜、镁等金属离子。腐殖土、淤泥和生活垃圾不能作为加筋土的填料。

6. 拉筋

拉筋是与填料产生视摩阻力，并承受水平拉力作用而维持结构物内部稳定的重要构件，为此，要求拉筋具有足够的抗拉强度，不易脆断，且柔性好，延伸率低，同时与填料能产生较大的摩阻力。目前国内多采用土工格栅作为拉筋，土工格栅对土的加劲机理存在于下列 3 种筋—土相互作用之中：

(1)格栅表面与填料的摩擦作用；

(2)填料对格栅肋的被动阻抗作用；

(3)格栅孔眼对填料的"锁定"作用。

上述 3 种作用在加筋土体中各自发挥的程度将随格栅的种类、开孔的大小、土颗粒级配等因素而定，总的趋势是摩擦力大于被动阻力，摩擦力约占 80%以上。

与前述薄墙面板一样，加筋土技术传入我国初期，加筋土挡土墙的加筋材料大多采用土工带。土工带的布置方式是筋带与面板采用结点成束栓接，结点为行列式布置，结点水平间距一般为 0.5～0.75m，竖向间距为 0.3～0.5m。由于筋带成束，这种行列式布置导致结点之间的无筋区上下整个连通，形成所谓"无筋巷道"(见图 2.49)，这种无筋巷道有时可高达整个加筋土体的 40%以上，致使薄薄的墙面板承受很大的素土侧压力，从而导致墙面产生"鼓肚"变形。也就是说，这种筋带布置方式不能充分发挥加筋效应。在加筋土构筑物的设计中，筋—土之间要有足够的接触面积，接触面积愈多，则筋—土之间的相互作用就发挥得愈充分，加筋土体所受侧向约束就愈大，加筋土体的自立稳定性也就愈高。传统的筋带布置方式忽视了筋土接触面积的考量。因此，本文不推荐条带式加筋，加筋材料应采用土工格栅或土工布，呈席垫式满铺，以消除"无筋巷道"，这样能极大地增加筋—土接触面积，充分发挥加筋效应，提高加筋土体的自立稳定性。

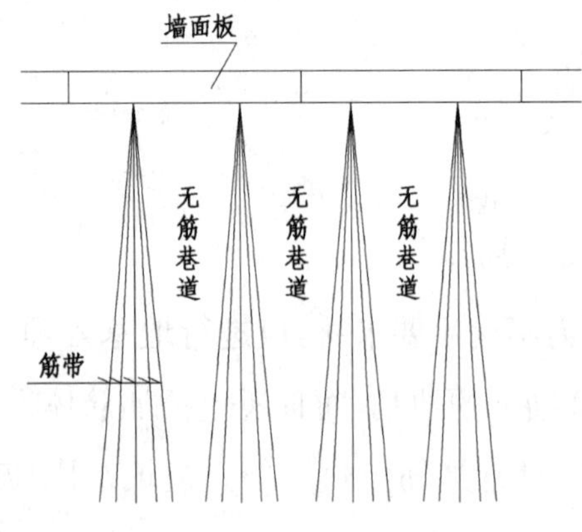

图 2.49　条带布置平面示意图

7. 沉降缝

设置沉降缝主要是为了适应地基的不均匀沉降要求，因此，地质、地形条件变化处以及墙高突变处，应从帽梁至基础底设置沉降通缝。沉降缝宽约 2cm，沉降缝间距：土质地基一般为 10～20m，岩石地基可适当增大，但必须满足面板或模块长度的模数要求。

8. 防水与排水措施

(1)因地制宜按构造物要求选用适当的排水措施，必要时，加筋体顶面可采用黏土或灰土层作防渗封闭处理。

(2)拱涵顶的加筋土挡土墙可采用现浇混凝土补平拱顶标高，如图 2.50 所示，图中 H_1、H_2、B 均应为面板的模数。

三、结构计算

1. 作用于墙面板背面的水平土压力

可按下式计算(见图 2.51)：

$$\sigma_{hi} = \lambda_i \gamma h_i \tag{2.28}$$

式中，$h_i \leqslant 6$m 时，
$$\lambda_i = \lambda_0(1 - h_i/6) + \lambda_a(h_i/6) \tag{2.29}$$

$h_i > 6$m 时，
$$\lambda_i = \lambda_a \tag{2.30}$$

$$\lambda_0 = 1 - \sin\phi \tag{2.31}$$

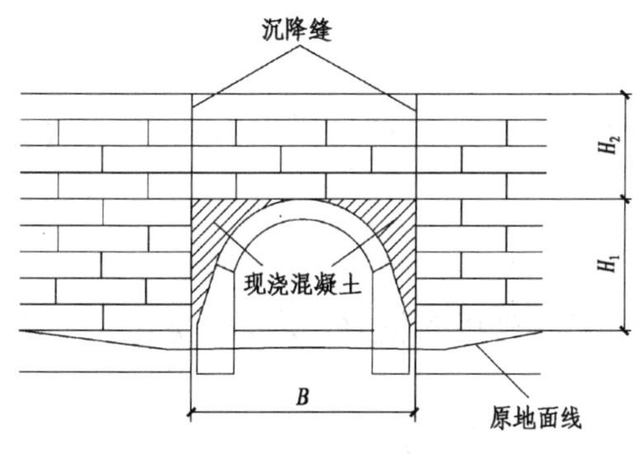

图 2.50　加筋土墙面与涵洞的连接处理

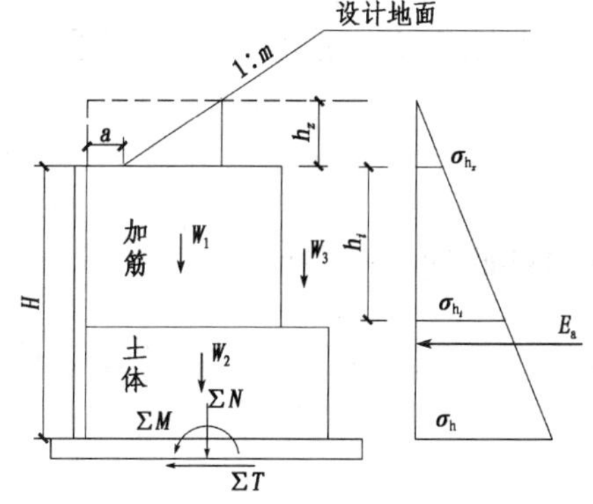

图 2.51　加筋土墙背土压力及外部稳定计算简图

2. 加筋土墙顶路堤填土可换算成等代均布荷载

换算荷载土柱高 h_z 可按下式计算(见图 2.52)：

$$h_z = \frac{1}{m}\left(\frac{H}{2} - a\right) \tag{2.32}$$

式中：H——加筋土墙高度(m)；

m——墙顶路堤边坡坡率；

a——墙顶路堤坡脚至墙面内侧距离(m)。

3. 加筋土挡土墙的计算内容

(1)将加筋土体视为假想重力式挡土墙的外部稳定计算，即：

①加筋土体沿地基的滑移。

②加筋土体的倾覆。

③加筋土体底面地基承载力验算。

(2)加筋土的内部稳定计算——拉筋的抗拔和断裂验算。

(3)加筋土的局部稳定计算——墙面模块的滑脱与墙面整体稳定。

兹以组合模块式墙面加筋土挡土墙为例，分述如下：

4. 外部稳定计算

将加筋土体视为假想重力式挡土墙，其外部稳定验算可参照一般重力式挡土墙原理，本文只作概念性介绍(见图 2.51)。

(1)抗滑稳定系数按下式计算：

$$K_c = \frac{\sum N \times \mu}{\sum T} \geqslant 1.3 \tag{2.33}$$

式中：$\sum N$——组合于基底的竖向力之和(kN)；

$\sum T$——组合于基底的水平力之和(kN)；

μ——基底与地基间的摩擦系数。

(2)抗倾覆稳定系数按下式计算：

$$K_0 = \frac{\sum M_{稳定}}{\sum M_{倾覆}} \geqslant 1.3 \tag{2.34}$$

(3)基底地基承载力

$e_0 \leqslant \frac{B}{6}$时，加筋土挡土墙的基底压应力应满足地基承载力要求，可按下式计算：

$$\sigma_{\min}^{\max} = \frac{\sum N}{B}\left(1 \pm \frac{6e_0}{B}\right) \quad (\text{kPa}) \tag{2.35}$$

$$e_0 = \frac{\sum M}{\sum N} \quad (\text{m}) \tag{2.36}$$

式中：$\sum M$——组合于基底的弯矩(kN·m)；

B——基底宽度(m)。

5. 内部稳定计算——拉筋的抗拔和断裂验算

(1)拉筋要有足够的长度，在拉力作用下不至于从土体中拔出，因此，拉筋伸出破裂面以外的有效锚固长度 L_{b_i}，对席垫式满铺拉筋而言，可根据 1m 宽度内（即加筋土挡土墙纵向 1m 长）拉筋上下两面所能发挥的摩擦力求得，即

$$L_{b_i} = \frac{T}{2\sigma_{v_i} f} \tag{2.37}$$

式中：T——1m 宽拉筋的极限拉力（kN）；

σ_{v_i}——计算深度处作用于拉筋的竖向压力（kPa）；

f——拉筋与填土间的视摩擦系数，可取 0.25～0.5。

值得指出的是，拉筋长度的最终取值应满足前述加筋体结构构造要求，即墙高大于 3m 时，土工格栅拉筋的长度不应小于 4/5 墙高，且不小于 5m。

（2）拉筋不仅要有足够的长度确保拉筋不会产生拔出破坏，而且还要有足够的强度保证拉筋不会被拉断。拉筋所受拉力 T_i 来自水平土压力，可按下式计算：

$$T_i = K\sigma_{h_i} s_x s_y \leqslant T/F \tag{2.38}$$

式中：K——拉力峰值附加系数，取 1.5～2.0；

s_x、s_y——拉筋水平、垂直间距，对席垫式满铺拉筋而言，只有 s_y；

F——拉筋强度的综合安全系数，可取 2.5～5.0。

6. 大厚度组合模块墙面的稳定计算

1）墙面模块的滑脱

模块在水平土压力 E_i 的作用下能否从墙面滑脱，取决于模块上、下面所产生的摩擦力 F_i（见图 2.52）。

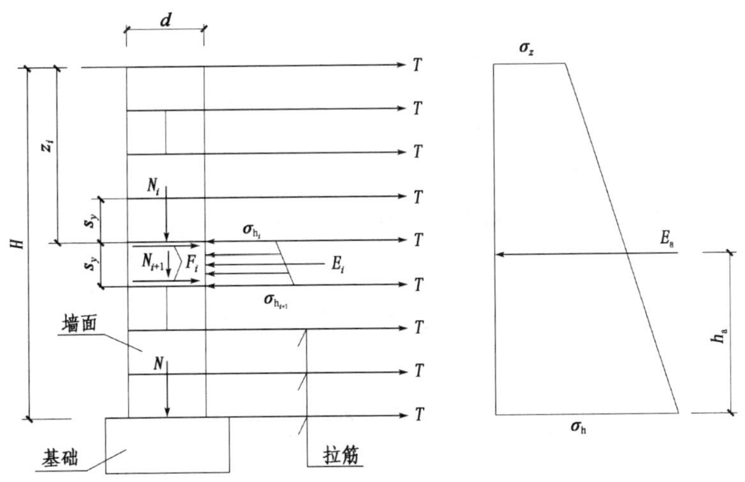

图 2.52 组合模块墙面稳定计算简图

（1）单个模块所受水平土压力 E_i

$$E_i = \frac{\sigma_{h_i} + \sigma_{h_{i+1}}}{2} s_y \tag{2.39}$$

(2)单个模块所产生的摩擦力 F_i

$$F_i=(N_i+N_{i+1})f \tag{2.40}$$

式中：σ_{h_i}——第 i 层水平土压力强度(kPa)；

$\sigma_{h_{i+1}}$——第 $i+1$ 层水平土压力强度(kPa)；

N_i——第 i 层以上墙面模块重力(kN)；

N_{i+1}——第 $i+1$ 层以上墙面模块重力(kN)；

f——模块间摩擦系数；

其他符号意义见图 2.52。

显然，$F_i>E_i$ 时模块不会出现滑脱破坏，设计时，可采取增大模块尺寸、改善模块连接方式(榫接或异形模块扣接)等措施以满足该条件。

2)墙面整体稳定

墙面整体稳定是指在墙面基础底面地基承载力满足要求的前提下，墙面在水平土压力 E_a 作用下不至于倾倒。维持墙面稳定的力有拉筋的抗拉力和墙面的自重，这些力系在墙底产生的力矩分别是：

(1)倾覆力矩 M_Q

$$M_Q=E_a h_a \tag{2.41}$$

(2)稳定力矩 M_d

$$M_d=N\frac{d}{2}+\sum_0^H[T\cdot(H-z_i)] \tag{2.42}$$

式中：T——拉筋抗拉强度设计值(kN)；

N——墙面砌块总重力(kN)；

其他符号意义见图 2.52。

设计时，可调整 d 和 T 以满足 $M_d>M_Q$ 的要求。

7.计算软件

理正岩土系列软件 5.1 版挡土墙设计—加筋土挡土墙。

8.工程算例(见表 2.2)

加筋土挡土墙的外部稳定和内部稳定计算可利用理正岩土系列软件进行计算，本文不赘述。局部稳定计算可按上述公式并参照图 2.52 采用电子表格(Excel)完成。现以某高填方路堤式组合模块墙面加筋土挡土墙为例，将组合模块墙面稳定计算列于表 2.2 中。表 2.2 的计算表明，若墙后每层拉筋的抗拉力取 32kN/m(设计极限值为 80kN/m)，则高度为 11m、宽度为 0.5m 的组合模块墙面的稳定系数为 1.98，满足工程要求。

组合模块墙面稳定计算　　表 2.2

计算参数：

加筋土体 $\varphi_r=32°$

加筋土体重度 $\gamma_r=19kN/m^3$

加筋土体主动土压力系数 $K_{ar}=\tan^2(45°-\varphi_{r/2})=0.30726$

墙顶等代填土高度 $h_z=2.667m$

加筋土体静止土压力系数 $K_0=1-\sin\varphi_r=0.47008$

墙面砌块长 $a=1m$

墙高 $H=11m$

墙面砌块厚 $d=0.5m$

砌块间摩擦系数 $f=0.65$

砌块重度 $\gamma_c=24kN/m^3$

加筋层位埋深 z_i (m)	加筋体土压系数 K_i	第 i 层水平应力 σ_h (kPa)	拉筋竖向间距 s_y (m)	采用拉力 T_i (kN/m)	第 i 层筋所受拉力 T_i (kN/m)	上下砌块间摩擦力 F (kN)	第 i 层砌块所受推力 P_i (kN)	第 i 层筋对墙底弯矩 (kN·m)
0	0.47008	23.82	0.4	32	9.53			345.60
0.4	0.45923	26.76	0.4	32	10.70	3.12	10.1	332.80
0.8	0.44837	29.54	0.4	32	11.81	9.36	11.3	320.00
1.2	0.43752	32.15	0.4	32	12.86	15.6	12.3	307.20
1.6	0.42666	34.59	0.4	32	13.84	21.84	13.3	294.40
2	0.41581	36.87	0.4	32	14.75	28.08	14.3	281.60
2.4	0.40495	38.99	0.4	32	15.59	34.32	15.2	268.80
2.8	0.39410	40.94	0.4	32	16.37	40.56	16.0	256.00
3.2	0.38324	42.72	0.4	32	17.09	46.8	16.7	243.20
3.6	0.37239	44.34	0.4	32	17.74	53.04	17.4	230.40
4	0.36153	45.80	0.4	32	18.32	59.28	18.0	217.60
4.4	0.35068	47.09	0.4	32	18.83	65.52	18.6	204.80
4.8	0.33982	48.21	0.4	32	19.28	71.76	19.1	192.00
5.2	0.32897	49.17	0.4	32	19.67	78	19.5	179.20
5.6	0.31811	49.97	0.4	32	19.99	84.24	19.8	166.40
6	0.30726	50.60	0.4	32	20.24	90.48	20.1	153.60
6.4	0.30726	52.93	0.4	32	21.17	96.72	20.7	140.80

续上表

加筋层位埋深 z_i (m)	加筋体土压系数 K_i	第 i 层水平应力 σ_h (kPa)	拉筋竖向间距 s_y (m)	采用拉力 T_i (kN/m)	第 i 层筋所受拉力 T_i (kN/m)	上下砌块间摩擦力 F (kN)	第 i 层砌块所受推力 P_i (kN)	第 i 层筋对墙底弯矩 (kN·m)
6.8	0.30726	55.27	0.4	32	22.11	102.96	21.6	128.00
7.2	0.30726	57.60	0.4	32	23.04	109.2	22.6	115.20
7.6	0.30726	59.94	0.4	32	23.98	115.44	23.5	102.40
8	0.30726	62.27	0.4	32	24.91	121.68	24.4	89.60
8.4	0.30726	64.61	0.4	32	25.84	127.92	25.4	76.80
8.8	0.30726	66.94	0.4	32	26.78	134.16	26.3	64.00
9.2	0.30726	69.28	0.4	32	27.71	140.4	27.2	51.20
9.6	0.30726	71.61	0.4	32	28.65	146.64	28.2	38.40
10	0.30726	73.95	0.4	32	29.58	152.88	29.1	25.60
10.4	0.30726	76.28	0.4	32	30.51	159.12	30.0	12.80
10.8	0.30726	78.62	0.4	32	31.45	165.36	31.0	0.00
稳定力矩								4838.4
土压合力 E_a	力臂 h_a	倾覆力矩 M_Q		全墙重 N	墙重弯矩	总稳定力矩 M_d		稳定系数
553.17	4.44	2454.49		129.6	32.4	4870.8		1.98

表中：$z_i \leqslant 6$m 时　$K_i = K_0(1-z_i/6)+K_{ar}z_i/6$

$z_i > 6$m 时　$K_i = K_{ar}$

拉力 $T_i = \sigma_h s_y$

图 2.53 为组合模块墙面实景图。

图 2.53　组合模块墙面实景

四、工程例图

1. 加筋土挡土墙平面布置图(见图 2.54)

以道路平面图为基础，绘制加筋土挡土墙平面布置图，主要内容包括：

(1)墙面基础中心线，起止点、拐点里程或坐标及其标注(为施工提供放线依据)。

(2)加筋体底层宽度、长度及其标注。

(3)图说内容：坐标系统、挡土墙总长度、基础开挖注意事项等。

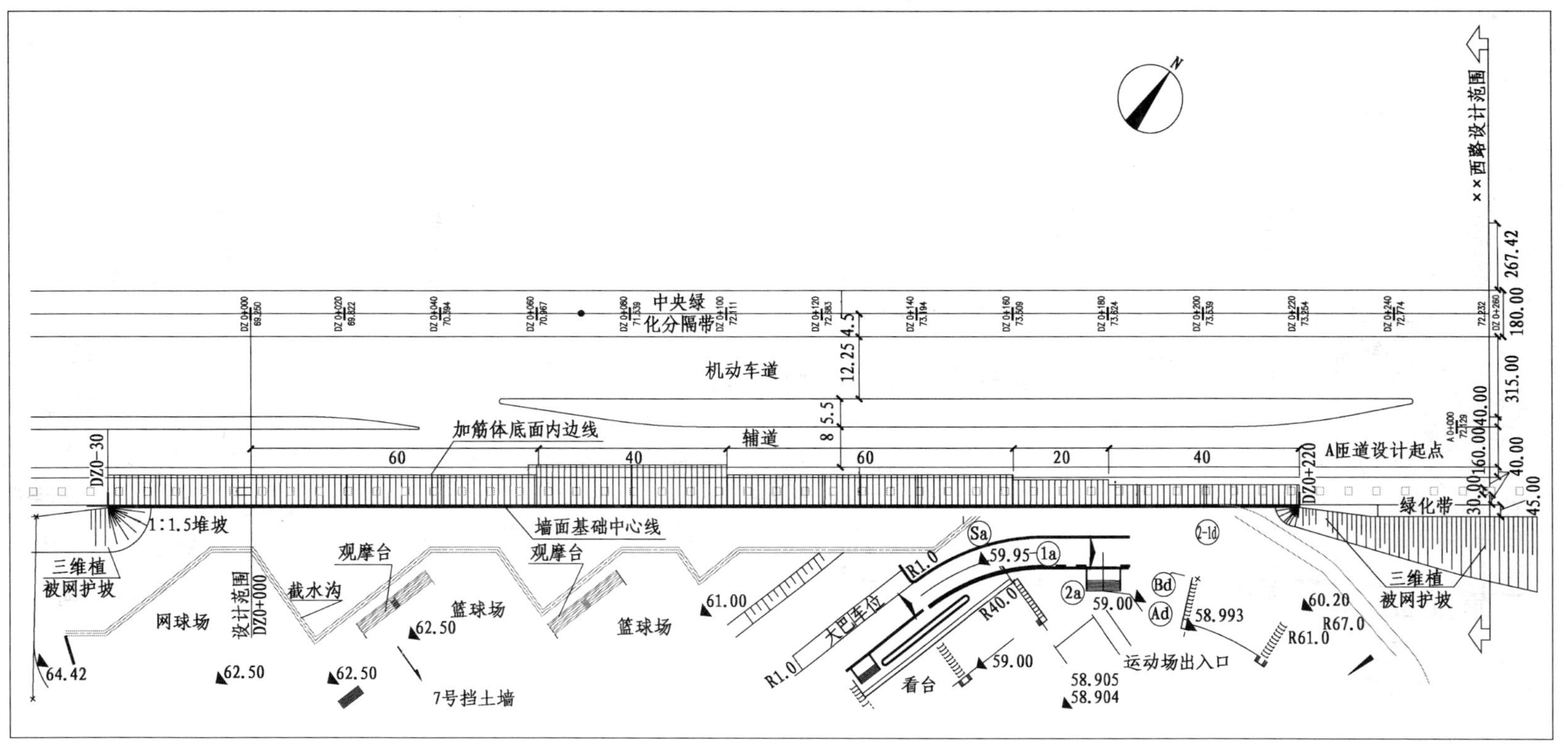

图2.54 加筋土挡土墙平面布置图

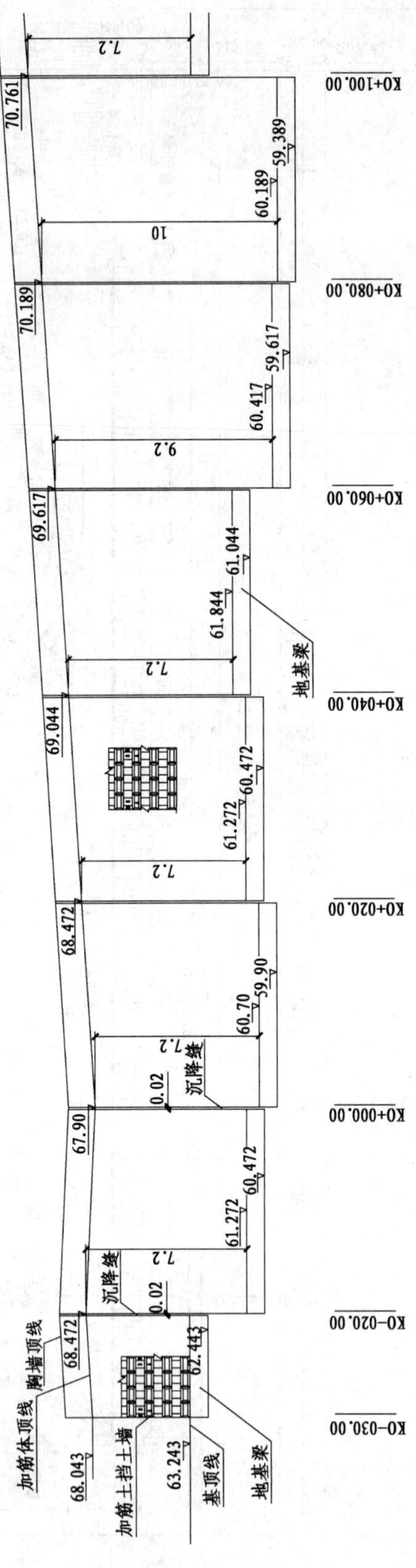

图2.55　加筋土挡土墙立面展开图

2. 加筋土挡土墙立面展开图(见图 2.55)

沿基础中心线绘制地面线纵断面图(含地层结构分界线),以此图为基础绘制加筋土挡土墙立面展开图。主要内容包括:

(1)挡土墙的正面投影轮廓,起止点里程,挡墙分段长,主要结构层的高程及其标注。

(2)基础高程及其纵向台阶变化尺寸。

(3)图说内容:高程系统、对分段长和台阶基顶高差的要求、基础埋深和地基承载力要求等。

3. 加筋土挡土墙横断面图(见图 2.56)

以道路横断面图为基础,绘制不同加筋土体形状的横断面图,主要内容包括:

(1)主要结构组件名称的标注、高程,墙高。

(2)不同层面加筋土体的高、宽(拉筋长度)及基础高、宽。

(3)图说内容:各组件材料及圬工强度等级等。

4. 墙面砌块及其组装大样图(见图 2.57、图 2.58)

5. 其他大样图(如胸墙、基础、排水措施等见图 2.59)

6. 施工图设计总说明

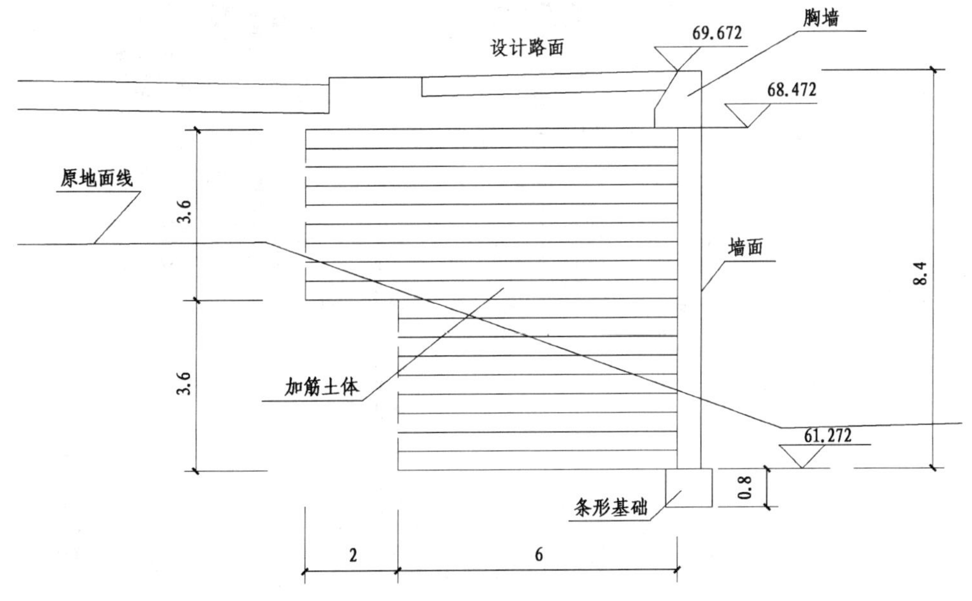

图 2.56　加筋土挡土墙横断面图(尺寸单位:m)

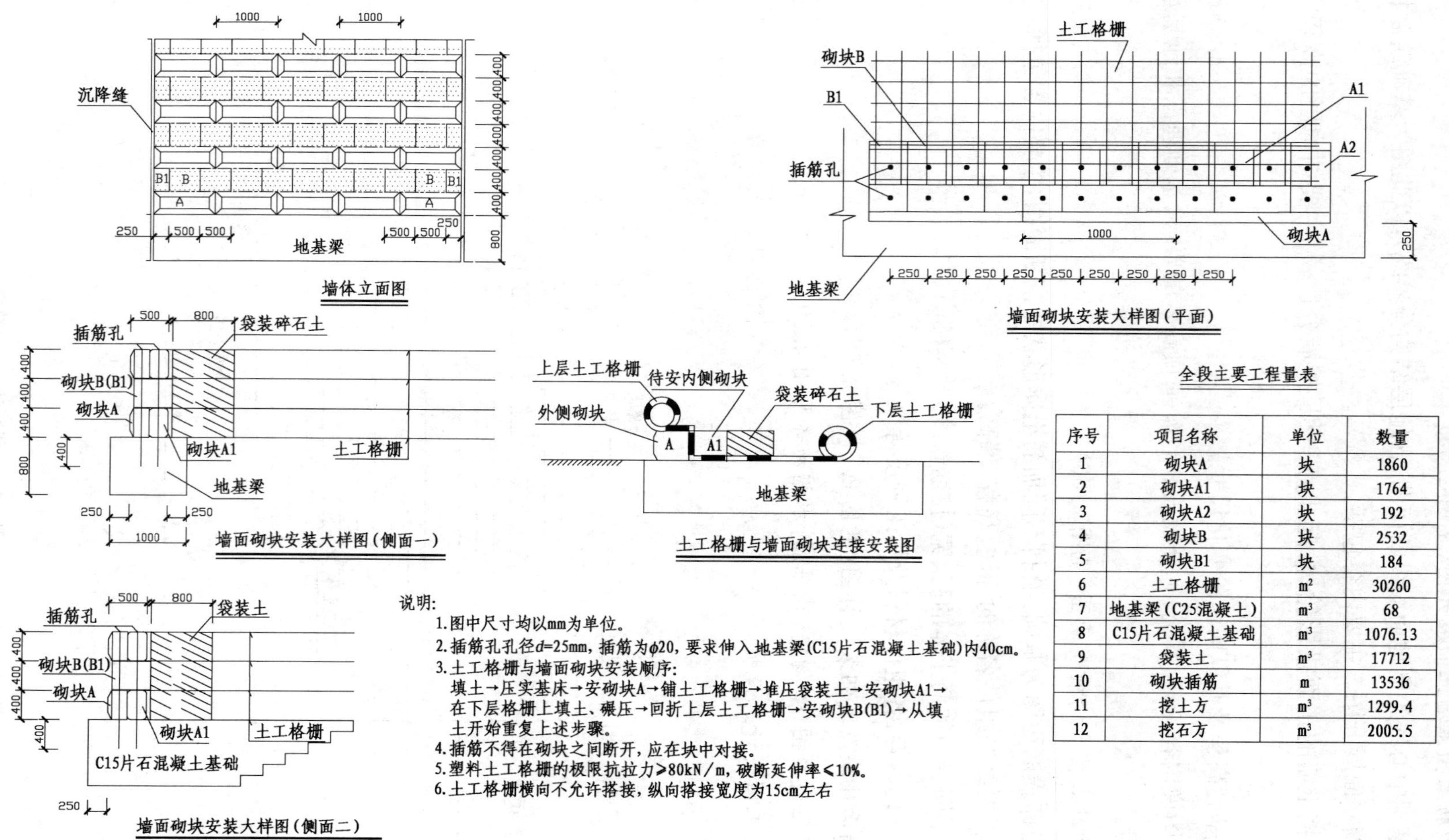

说明:

1. 图中尺寸均以mm为单位。
2. 插筋孔孔径d=25mm，插筋为ϕ20，要求伸入地基梁(C15片石混凝土基础)内40cm。
3. 土工格栅与墙面砌块安装顺序：
   填土→压实基床→安砌块A→铺土工格栅→堆压袋装土→安砌块A1→在下层格栅上填土、碾压→回折上层土工格栅→安砌块B(B1)→从填土开始重复上述步骤。
4. 插筋不得在砌块之间断开，应在块中对接。
5. 塑料土工格栅的极限抗拉力≥80kN/m，破断延伸率≤10%。
6. 土工格栅横向不允许搭接，纵向搭接宽度为15cm左右

全段主要工程量表

序号	项目名称	单位	数量
1	砌块A	块	1860
2	砌块A1	块	1764
3	砌块A2	块	192
4	砌块B	块	2532
5	砌块B1	块	184
6	土工格栅	m^2	30260
7	地基梁(C25混凝土)	m^3	68
8	C15片石混凝土基础	m^3	1076.13
9	袋装土	m^3	17712
10	砌块插筋	m	13536
11	挖土方	m^3	1299.4
12	挖石方	m^3	2005.5

图2.57　加筋土挡土墙面砌块组装图

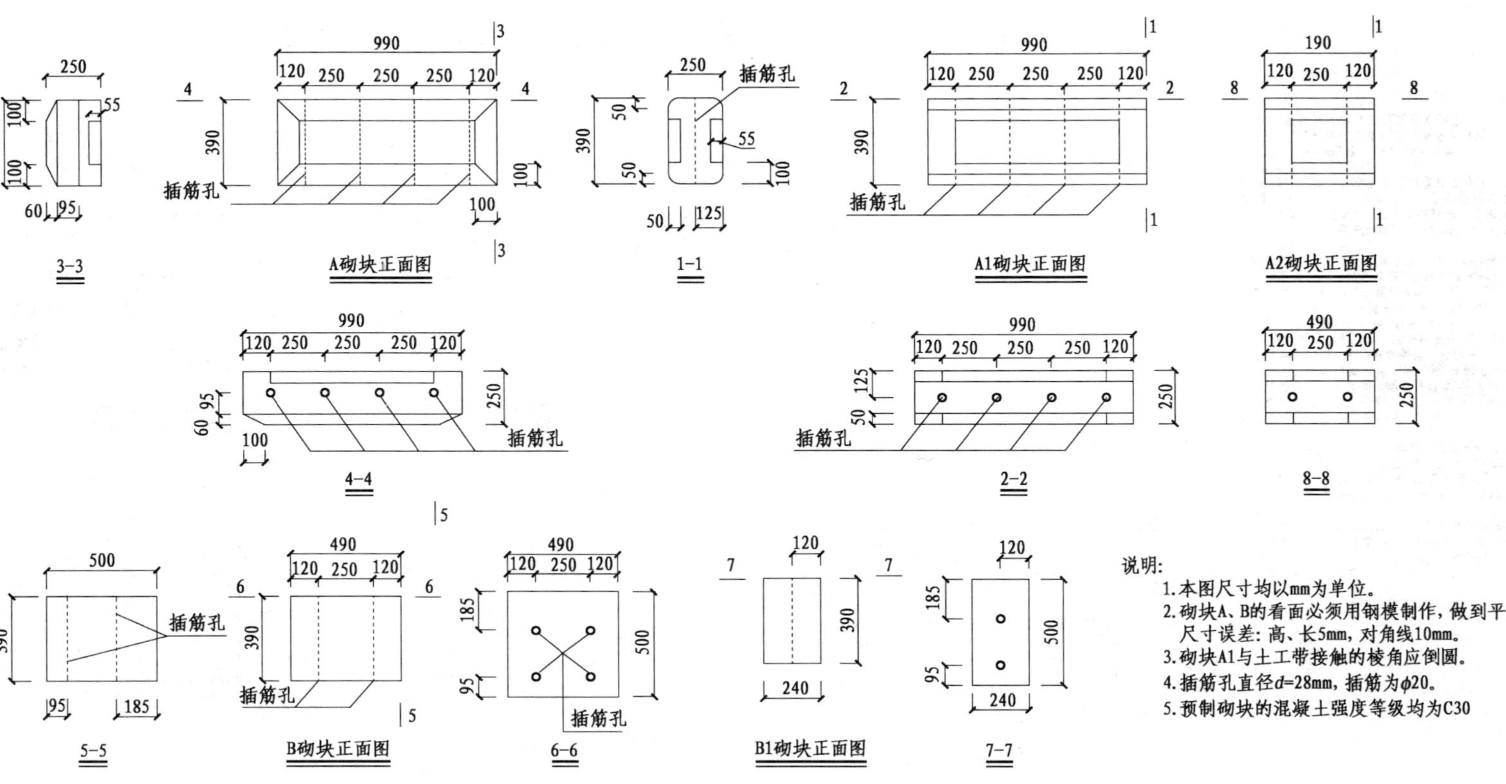

图2.58　墙面砌块构造图

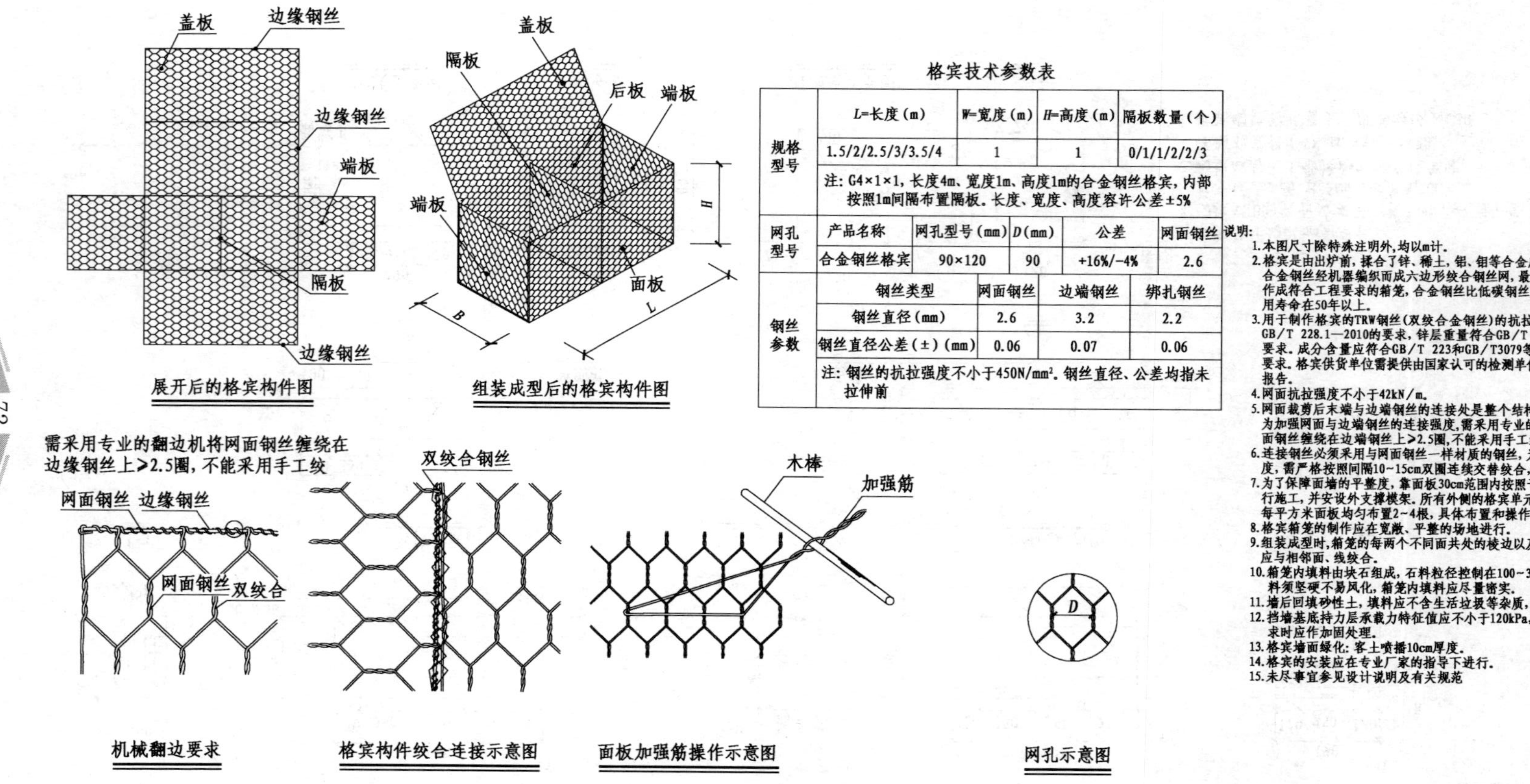

格宾技术参数表

规格型号	L=长度(m)	W=宽度(m)	H=高度(m)	隔板数量(个)
	1.5/2/2.5/3/3.5/4	1	1	0/1/1/2/2/3
	注：G4×1×1，长度4m、宽度1m、高度1m的合金钢丝格宾，内部按照1m间隔布置隔板。长度、宽度、高度容许公差±5%			

网孔型号	产品名称	网孔型号(mm)	D(mm)	公差	网面钢丝
	合金钢丝格宾	90×120	90	+16%/-4%	2.6

钢丝参数	钢丝类型	网面钢丝	边端钢丝	绑扎钢丝
	钢丝直径(mm)	2.6	3.2	2.2
	钢丝直径公差(±)(mm)	0.06	0.07	0.06
	注：钢丝的抗拉强度不小于450N/mm²。钢丝直径、公差均指未拉伸前			

说明：

1. 本图尺寸除特殊注明外，均以m计。
2. 格宾是由出炉前，揉合了锌、稀土，铝、钼等合金成分而形成的合金钢丝经机器编织而成六边形绞合钢丝网，最后，在现场制作成符合工程要求的箱笼，合金钢丝比低碳钢丝更耐腐蚀，使用寿命在50年以上。
3. 用于制作格宾的TRW钢丝（双绞合金钢丝）的抗拉强度应符合GB/T 228.1—2010的要求，锌层重量符合GB/T 15393的Q1级要求。成分含量应符合GB/T 223和GB/T3079等相关规范的要求。格宾供货单位需提供由国家认可的检测单位出具的检测报告。
4. 网面抗拉强度不小于42kN/m。
5. 网面裁剪后末端与边端钢丝的连接处是整个结构的薄弱环节。为加强网面与边端钢丝的连接强度，需采用专业的翻边机将网面钢丝缠绕在边端钢丝上≥2.5圈，不能采用手工绞，详见图示。
6. 连接钢丝必须采用与网面钢丝一样材质的钢丝，为保证连接强度，需严格按照间隔10～15cm双圈连续交替绞合，详见图示。
7. 为了保障面墙的平整度，靠面板30cm范围内按照干砌石标准进行施工，并安设外支撑模架。所有外侧的格宾单元设置加强筋，每平方米面板均匀布置2～4根，具体布置和操作见图示。
8. 格宾箱笼的制作应在宽敞、平整的场地进行。
9. 组装成型时，箱笼的每两个不同面共处的棱边以及隔板侧边均应与相邻面、线绞合。
10. 箱笼内填料由块石组成，石料粒径控制在100～300mm之间。石料须坚硬不易风化，箱笼内填料应尽量密实。
11. 墙后回填砂性土，填料应不含生活垃圾等杂质，并分层压实。
12. 挡墙基底持力层承载力特征值应不小于120kPa，如达不到要求时应作加固处理。
13. 格宾墙面绿化：客土喷播10cm厚度。
14. 格宾的安装应在专业厂家的指导下进行。
15. 未尽事宜参见设计说明及有关规范

图2.59 格宾箱笼材质规格及制作图

某加筋土挡土墙施工设计说明(实例)

一、概况

某体育中心区场地紧靠道路红线,场地放坡范围已侵入道路红线,且其场地标高比道路标高低 6～10m,道路无法放坡。因此本段需设置挡土墙,以收缩道路边坡占地宽度。因场地建筑紧贴道路红线,挡土墙占地范围受限,结合地质情况,经经济技术比选论证,本段采用加筋土挡土墙。

二、设计依据

(1)2003 年 9 月所作大道西段岩土工程详细勘察报告。

(2)《公路加筋土工程设计规范》(JTJ 015—91)。

(3)《公路路基设计规范》(JTG D30—2004)。

(4)国家和地方相关的标准、规范。

(5)2006 年 11 月设计范围内由施工单位、监理单位测量并经建设方认可的地形图。

三、设计原则与标准

(1)保证人行道宽度与红线要求。

(2)筋带抗拔安全系数≥2.0。

(3)挡墙抗滑移稳定系数≥1.3。

(4)抗倾覆稳定系数≥1.6。

(5)基底最大压应力 $\sigma_{max} \leqslant [\sigma]$。

四、设计范围与规模

加筋土挡土墙位于 DZ0－030～DZ0＋220 路段南侧,挡墙总长 250m,挡墙最高为 11.2m,加筋体在道路横向方向宽度为 4～11m。DZ0－030～DZ0＋220 段南侧原外侧绿化带取消,挡墙起、终点设置锥坡,两端 15m 范围内绿化带逐渐过渡到 2.25m。

五、工程地质条件

(略)

六、构造设计

(1)挡墙基础:DZ0－030～DZ0＋120 段为 C25 混凝土地基梁,梁高 0.8m,宽 1.0m;DZ0＋120～DZ0＋220 段为 C15 片石混凝土现浇基础,基础分段长 10～15m,但必须为墙面砌块长度的模数。根据地形变化可以把基础设置成台阶式,但相邻台阶的高差必须为墙面砌块高度的模数。

基础埋置深度：

土质地基≥1m，在斜坡地段基底外边线距坡面的水平距离≥1.5m；

岩质地基≥0.6m，在斜坡地段基底外边线距坡面的水平距离≥1.0m。

(2)墙身砌块：采用C30预制混凝土砌块，砌块必须用钢模制作，确保尺寸准确美观。砌块A1与土工格栅接触的棱角应倒圆。插筋孔直径$d=22\text{mm}$，插筋为$\phi18$，插筋伸入挡土墙基础内40cm。

(3)加筋材料：采用塑料土工格栅，幅宽2～3m，破断拉力不小于80kN/m，延伸率不大于10%，主受力肋的净距不大于35mm。土工格栅样品送检前必须经设计人员确认。土工格栅铺设层距为40cm。

(4)袋装土：聚丙烯透水编织袋，内装碎石土，随土工格栅的铺设堆码在反包回折端内侧。

(5)填料：砂性土或碎卵石土，填料最大粒径不大于10cm，分层碾压厚度200mm，压实度不小于94%。填料内不得混有垃圾、腐殖土。

(6)人行护栏：由护栏柱、扶手、地梁、栏板和护栏底座(胸墙)组成，护栏伸缩缝每隔593cm设置一道。

(7)胸墙：顶宽0.5m，高1.2m，底宽1.0m，采用C30混凝土现浇。

七、监测

该挡土墙属高大填方支挡构筑物，监测内容如下：

(1)监测断面4个：DZ0+010、DZ0+070、DZ0+090及DZ0+150。每个断面上不少于3个监测点，分别位于墙顶、墙中、墙底。

(2)监测内容：侧向位移及沉降。

(3)监测周期：

①施工期每填土高1m观测一次。

②完工后，前3个月每星期观测一次，以后视墙体变形速率再与设计者商定观测周期。大雨过后8h随时增加观测次数。

八、施工注意事项

(1)加筋土挡土墙施工前应编制经总监理工程师认可的专项施工组织设计。

(2)基底承载力要求：DZ0－030段不小于180kPa，DZ0－020～0+040、DZ0+100、DZ0+120段不小于300kPa，DZ0+060段不小于350kPa，DZ0+080段不小于390kPa。若承载力达不到设计要求，通知设计单位进行处理。

(3)填土摊铺顺序：应先在土工格栅中部形成一纵向栈道，然后由栈道向两侧扩展，严禁由土工格栅尾部向墙面方向推填。装载汽车不得直接在格栅上行走。

加筋土体的填料不得混有垃圾、腐殖土，填料粒径不大于10cm。

(4)填方段地面坡度陡于1∶5时，应将地面挖成台阶状，单级台阶宽度不小于1m，并设置2%的反向坡。DZ0+130～DZ0+210段加筋土挡土墙横向与岩层搭接时，土工格栅延伸至开挖台阶部分搭接面，台阶宽2.0m左右(见图2.60)。

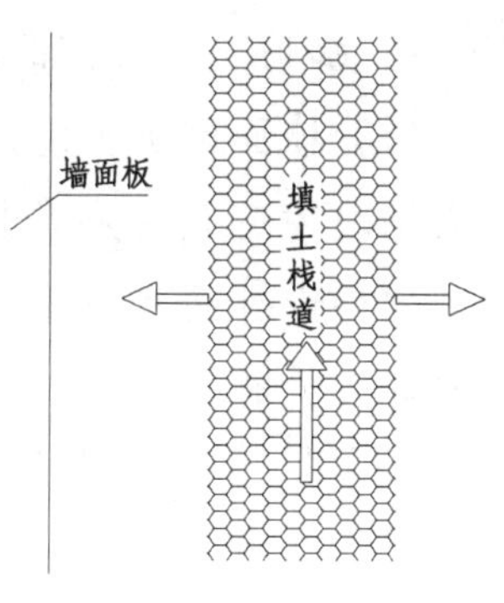

图2.60　填土摊铺平面示意图

(5)填土必须分层碾压，每铺一层格栅之前应检测填土压实度。检测频度为每100m^{2}不少于2点。压实度检测不合格时，不得铺设土工格栅。

(6)土工格栅与墙面砌块安装顺序：填土→压实基床→安砌块A→铺土工格栅→堆压袋装土→安砌块A1→在下层格栅上填土、碾压→回折上层土工格栅→安砌块B(B1)→从填土开始重复上述步骤(见图2.61)。

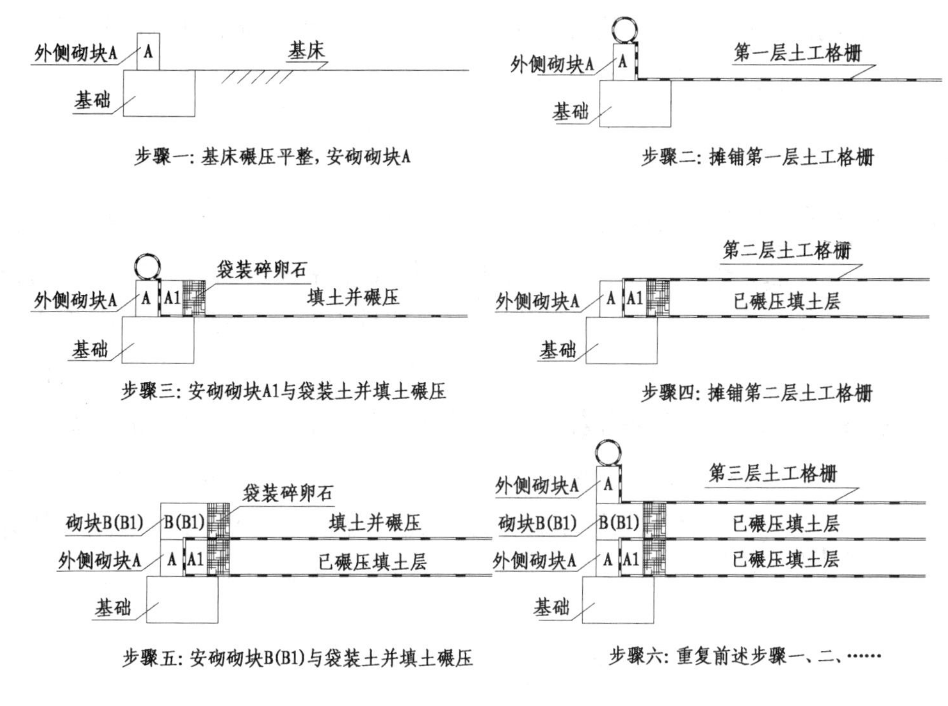

图2.61　土工格栅与墙面砌块安装顺序

(7)土工格栅摊铺后应用沙包或勾头钉(ϕ6钢筋)固定，固定点间距为1.5～2.0m，同时要确保土工格栅摊铺平整顺直。土工格栅受力方向(垂直墙面)不得有搭接，另一方向的搭接宽15cm左右，用塑料绳绑扎。

(8)填土碾压顺序：先由土工格栅中部压至尾部，再由尾部压至墙面。压路机行走方向始终平行于墙面，严禁压路机垂直于墙面方向行走。距墙面1m范围内人工夯实。加筋土体尾部应超碾压1.5m宽。

(9)加筋土体后方的填土应基本上与加筋土体的填土同步实施。

(10)墙面砌块安装。天地缝(水平缝)用M5砂浆摊平,竖缝干砌,做排水缝。墙面砌块插筋孔应先灌水泥浆,后插钢筋。

(11)设计采用的钻孔点位距挡土墙较远,施工时发现地质情况与钻孔地质资料差异较大时,应通知建设方及设计单位。

第六节　预应力锚索抗滑桩的设计

一、特点与用途

抗滑桩与预应力锚索联合使用,可大大改善悬臂式抗滑桩的受力及变形状况,从而减小抗滑桩的截面和埋置深度,具有显著的工程意义和经济价值,因此,被广泛用于滑坡治理工程、深基坑支护工程或挖方高边坡预加固设计。

二、结构计算

(1)预应力锚索抗滑桩将其视为一整体受力机构,尚无令人满意的计算模式。

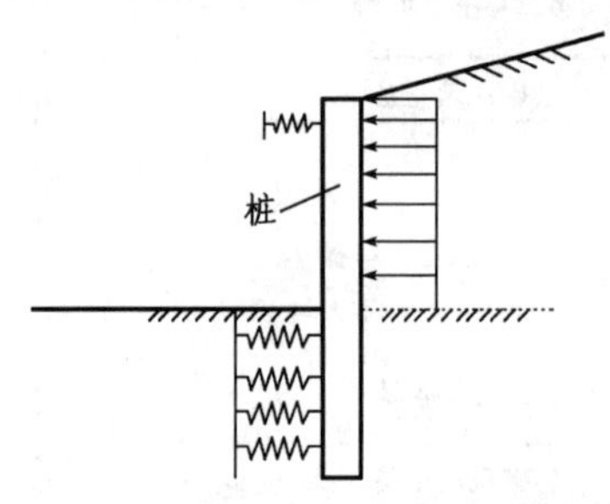

图2.62　锚拉抗滑桩计算模型简图

(2)实用锚拉抗滑桩计算模型:目前,较常用的方法是将抗滑桩视为一弹性地基梁,该梁的下端嵌固于岩质滑床下,上端支承于锚索弹性支座上并令锚拉点桩的位移与锚索的伸长相等。作用于该地基梁上的外荷载为滑坡推力或土压力,外荷载在桩上的分布,可分别假定为矩形、三角形或梯形。其计算模型如图2.62所示,其有限元计算方程形式与式(2.12)相同,即:

$$\{[\boldsymbol{K}_{\mathrm{Z}}]+[\boldsymbol{K}_{\mathrm{T}}]+[\boldsymbol{K}_{\mathrm{T0}}]\}[\boldsymbol{\delta}]=[\boldsymbol{p}] \tag{2.43}$$

式中:$[\boldsymbol{K}_{\mathrm{Z}}]$——桩的弹性刚度矩阵;

$[\boldsymbol{K}_{\mathrm{T}}]$——土的弹性刚度矩阵;

$[\boldsymbol{K}_{\mathrm{T0}}]$——土的初始弹性刚度矩阵;

$[\boldsymbol{\delta}]$——桩的位移矩阵;

$[\boldsymbol{p}]$——桩的荷载矩阵。

(3)将桩的位移边界条件代入上述有限元方程,即可得桩各点的位移和内力,其中所得内力—弯矩即为抗滑桩配筋的依据。

(4)锚索的水平刚度按下式计算：

$$K_h = \frac{A_s E_s}{l_f}\cos^2\alpha \quad (\mathrm{kN/m}) \tag{2.44}$$

式中：A_s——锚索截面积(m^2)；

E_s——锚索弹性模量(kN/m^2)；

l_f——锚索自由段长度(m)；

α——锚索倾角。

(5)按钢绞线强度计算单孔锚索所需钢绞线根数：

$$n_a = \frac{N_a}{\xi_3 A_a f_{ptk}} \tag{2.45}$$

式中：N_a——单孔锚索所受拉力设计值，参见式(2.18)；

f_{ptk}——钢筋或钢绞线强度标准值，二级钢取 335MPa，7 ϕ 15.2 钢绞线取 $f_{ptk}=1860$MPa；

A_a——单根钢绞线公称截面积，1×7(ϕ 15.2)钢绞线 $A_a=139mm^2$；

ξ_3——系数，钢绞线取 0.5，钢筋取 0.61。

(6)锚索(杆)的锚固段长度可按锚固体与孔壁、钢筋与水泥砂浆之间的黏结强度确定，两者取其大值。

$$L = \frac{KN_a}{\pi D f_{rb}} \tag{2.46}$$

或

$$L = \frac{KN_a}{\pi d f_b} \tag{2.47}$$

式中：L——锚固段长度(m)；

K——安全系数，1.64～2.0；

D——锚固体直径(m)；

d——钢材外表直径(m)；

f_{rb}——锚固体与孔壁之间的黏结强度特征值(kPa)；

f_b——钢材与砂浆之间的黏结强度设计值(kPa)。

(7)计算软件：理正岩土系列软件 5.1 版——抗滑桩设计。

(8)有关计算参数：

单根钢绞线规格见表 2.3。

单根钢绞线规格　　表 2.3

名　称	公称直径(mm)	钢绞线强度标准值(MPa)	公称面积(mm^2)	理论质量(kg/m)	承载力标准值(kN)	承载力设计值(kN)
1×7 ϕ 15.2	15.2	1860	139	1.101	258	183

预应力锚索设计参数见表 2.4。

预应力锚索设计参数　　表 2.4

钢绞线根数	直径(mm)	面积(mm^2)	弹性模量(N/mm^2)	自由段长度(m)	水平刚度(MN/m)
3	30	417	1.95×10^5	10	7.59
4	34.6	556			10.11
5	39.4	695			12.64
6	44.2	834			15.17
7	44.2	973			17.7

滑面以下地基土的初始弹性系数(地基系数)参考值如下：

土：25～50MN/m^3；全风化岩：70～80MN/m^3；强风化岩：80～150MN/m^3；中风化岩：200～500MN/m^3。

三、结构设计

(1)锚拉桩的桩位应设在滑坡体较薄、锚固段地基强度较高的地段。桩间距宜为4～10m，中间主滑轴附近桩间距可小一些，主滑轴两侧的桩间距可大一些。

(2)桩截面宜为矩形，抗滑方向的截面高度不宜小于 1.25m，采用矩形截面桩时应严格完善有关挖孔桩的施工安全设计。

(3)锚拉桩在滑面以下的锚固深度应根据地层条件通过计算确定，初步设计可按滑面以上桩长的 1/4～1/3 长度拟定。

(4)桩身混凝土强度不小于 C25。桩内主筋可采用束筋，每束钢筋不多于 3 根。当配置单排钢筋有困难时，可设置 2～3 排钢筋。箍筋直径不小于 14mm。

(5)锚拉桩上应预留锚索孔，锚索孔距桩顶不小于 0.5m。

(6)预应力锚索的构造、张拉、锁定等要求详见第一章第五节。

四、工程例图

抗滑桩布置横断面图如图 2.63 所示，抗滑桩配筋图如图 2.64 所示。

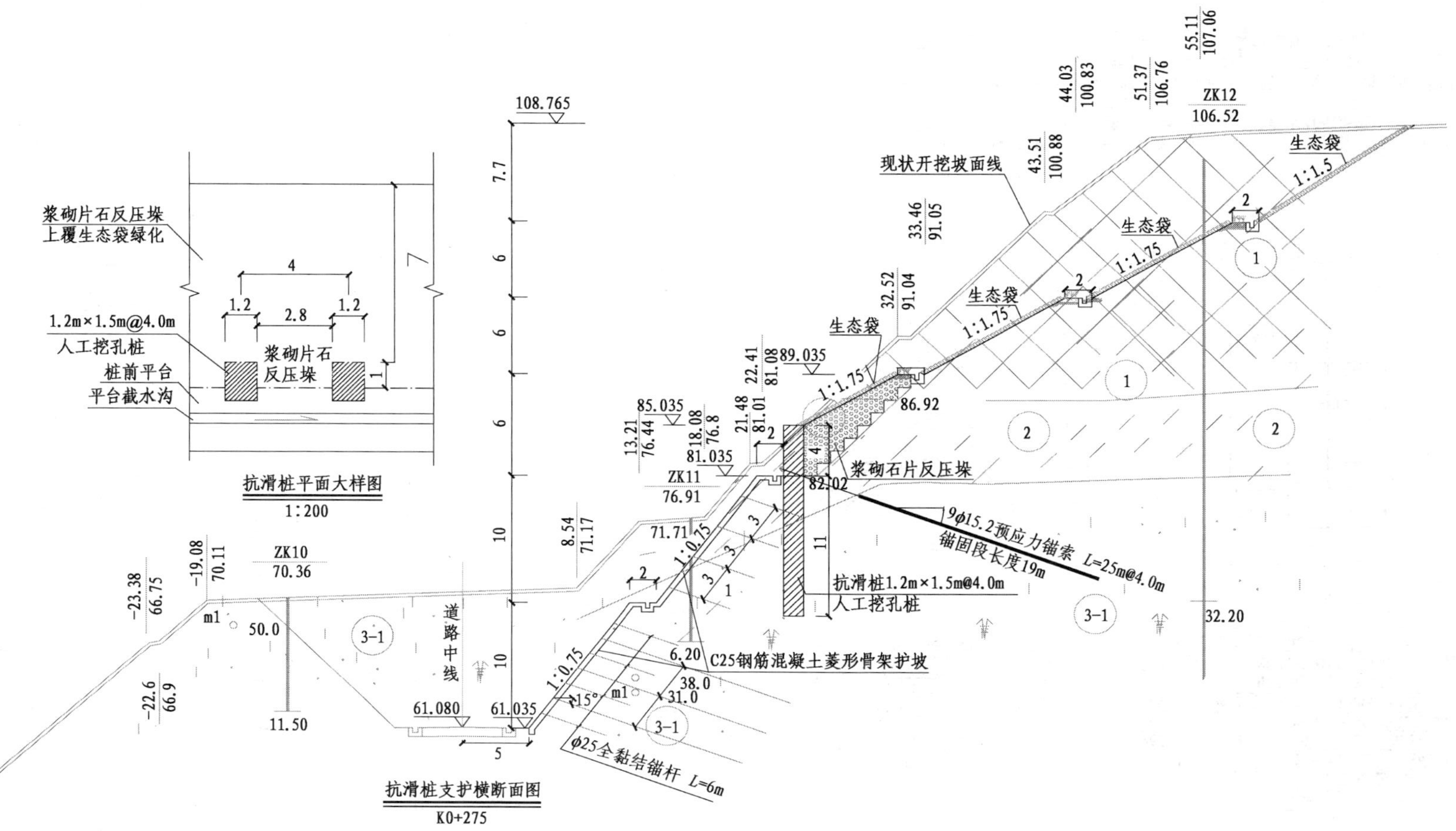

图2.63 抗滑桩布置横断面图（尺寸单位：m）

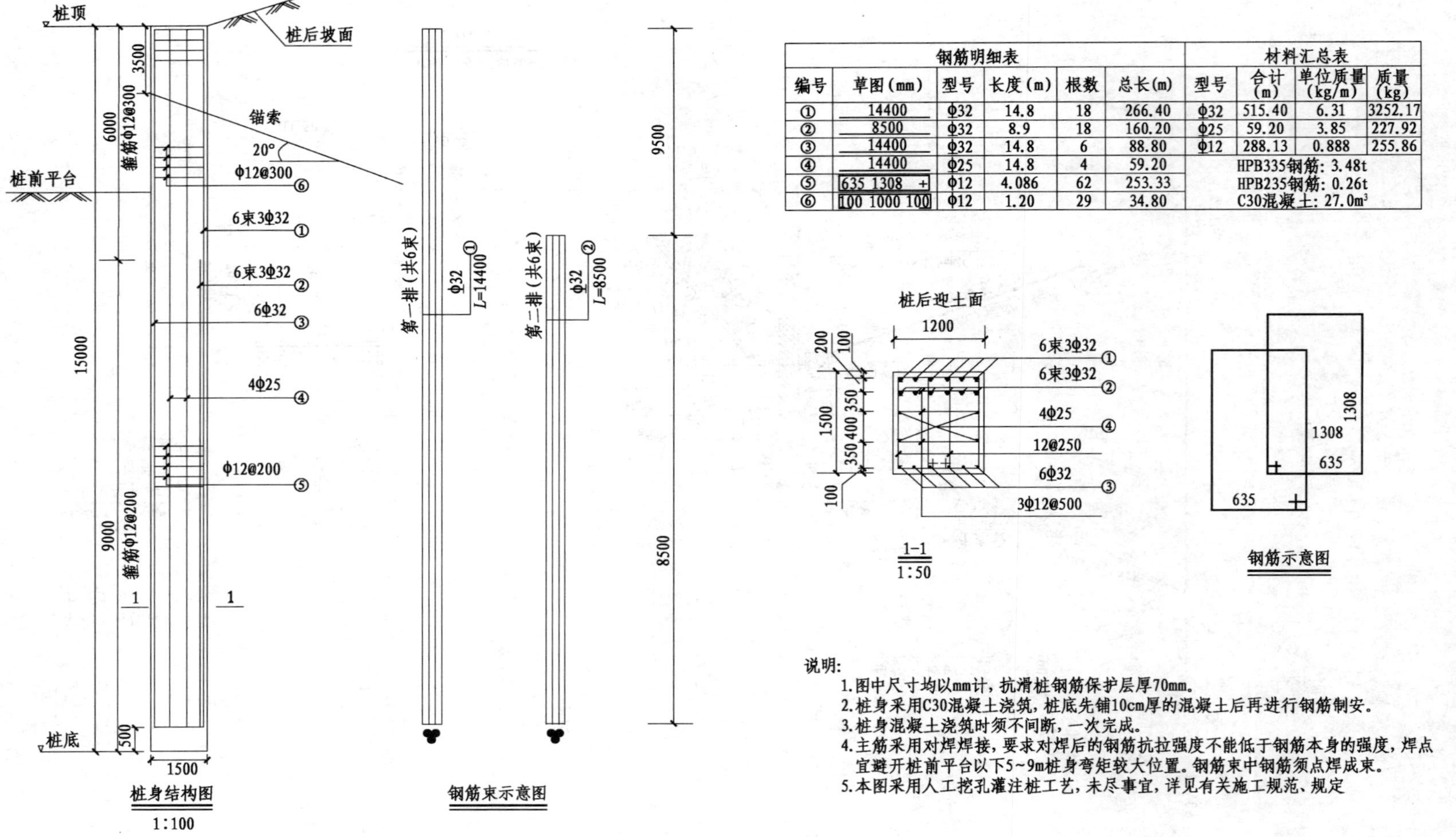

钢筋明细表

编号	草图(mm)	型号	长度(m)	根数	总长(m)
①	14400	Φ32	14.8	18	266.40
②	8500	Φ32	8.9	18	160.20
③	14400	Φ32	14.8	6	88.80
④	14400	Φ25	14.8	4	59.20
⑤	635 1308	φ12	4.086	62	253.33
⑥	100 1000 100	φ12	1.20	29	34.80

材料汇总表

型号	合计(m)	单位质量(kg/m)	质量(kg)
Φ32	515.40	6.31	3252.17
Φ25	59.20	3.85	227.92
φ12	288.13	0.888	255.86

HPB335钢筋：3.48t
HPB235钢筋：0.26t
C30混凝土：27.0m³

说明：

1. 图中尺寸均以mm计，抗滑桩钢筋保护层厚70mm。
2. 桩身采用C30混凝土浇筑，桩底先铺10cm厚的混凝土后再进行钢筋制安。
3. 桩身混凝土浇筑时须不间断，一次完成。
4. 主筋采用对焊焊接，要求对焊后的钢筋抗拉强度不能低于钢筋本身的强度，焊点宜避开桩前平台以下5~9m桩身弯矩较大位置。钢筋束中钢筋须点焊成束。
5. 本图采用人工挖孔灌注桩工艺，未尽事宜，详见有关施工规范、规定

图2.64　抗滑桩配筋图

第七节　困难地段道路轻型支挡结构的设计

一、道路拓宽地段的叠合式高路堤墙

1. 应用

在市政道路拓宽改造中，由于建(构)筑物密集，高填方路堤往往会遇到无法放坡的难题，叠合式路堤墙为解决这一难题提供了出路。

2. 结构构造

叠合式路堤墙主要由上、下两种不同的墙型叠合而成(见图 2.65)。

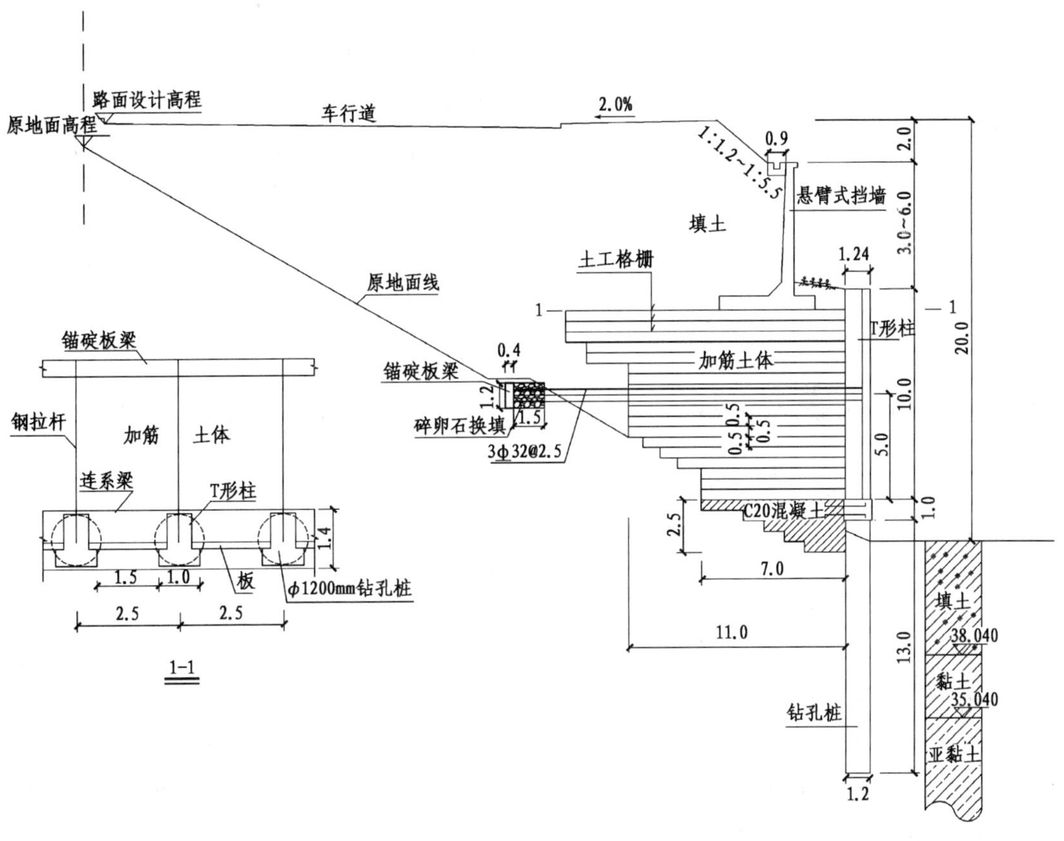

图 2.65　叠合墙断面图(尺寸单位:m)

(1)上墙:钢筋混凝土悬臂墙，墙高 3～6m，按常规要求设计。

(2)下墙:柱板式加筋土挡土墙，柱高 10m 左右，柱断面为 T 形，柱下为桩基础，桩直径 1.2～1.5m，桩间距 2.5～4.0m。桩、柱之间用连系梁转换，柱中部设有一道由 3 根钢拉杆和现浇锚碇板梁构成的后拉锚系统，柱板后填筑土工格栅加筋土，加筋土体底部为 C20 混凝土垫层，垫层宽与加筋体底宽相同，垫层厚不小于 0.8m。加筋体的宽度可按路堤总高度拟定。

3.计算

钢筋混凝土悬臂墙和加筋土挡土墙已是目前较普遍采用的支挡结构，其设计计算方法现行规范、手册均有载入。这两种墙型叠合以后关键问题是下墙的稳定分析与计算，其内容包括加筋土体基底应力和柱板墙结构受力计算。

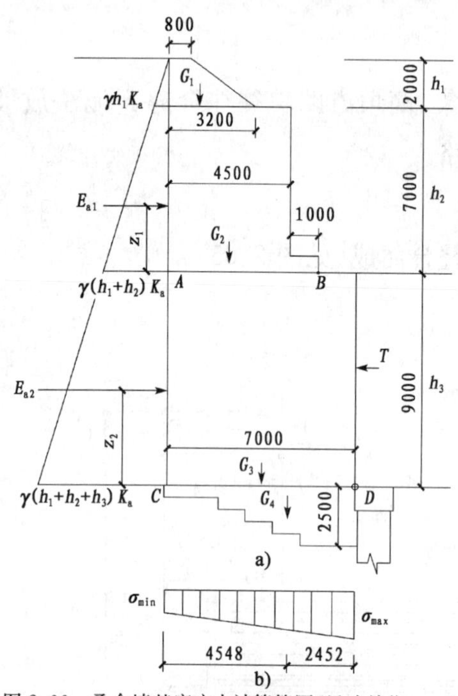

图 2.66　叠合墙基底应力计算简图(尺寸单位:mm)

1)加筋土体基底应力计算

(1)计算图式(见图 2.66)。

(2)作用于叠合墙的力

①上墙背土压力 E_{a1}；

②下墙背土压力 E_{a2}；

③上墙顶填土自重 G_1；

④上墙自重 G_2；

⑤下墙自重 G_3；

⑥混凝土垫层自重 G_4；

⑦后拉锚设计拉力 T。

锚碇板埋深大于 10m，假定其容许抗拔能力 $[p]=150\text{kPa}$，则 $T=150\times1.2\times1=180\text{kN}$。

(3)基底应力计算

$$\sigma=\frac{\sum G}{A}\pm\frac{\sum M}{W} \tag{2.48}$$

式中：$\sum G$——基底以上竖向力之和；

$\sum M$——基底以上弯矩之和；

W——基底截面抵抗矩；

A——基底截面面积。

2)地基承载力的计算

(1)计算图式与假定

假定地基破坏模式符合普朗特尔-雷斯诺极限荷载图式，并考虑基础侧面抗滑桩的约束作用，如图 2.67 所示。

(2)公式推导思路

①在滑动土体中取脱离体 $GCDFA$，作用其上的力有：

极限荷载：
$$P_u=\frac{b}{2}p_u\quad(\text{kN}) \tag{2.49}$$

覆土超载：
$$q=\gamma h\cot\alpha e^{\frac{\pi}{2}\tan\varphi}\quad(\text{kN}) \tag{2.50}$$

主动土压力：
$$P_a=\frac{b}{2}p_a\cot\alpha\quad(\text{kN}) \tag{2.51}$$

被动土压力：
$$P_p = \frac{b}{2} p_p e^{\frac{\pi}{2}\cot\varphi} \quad (\text{kN}) \tag{2.52}$$

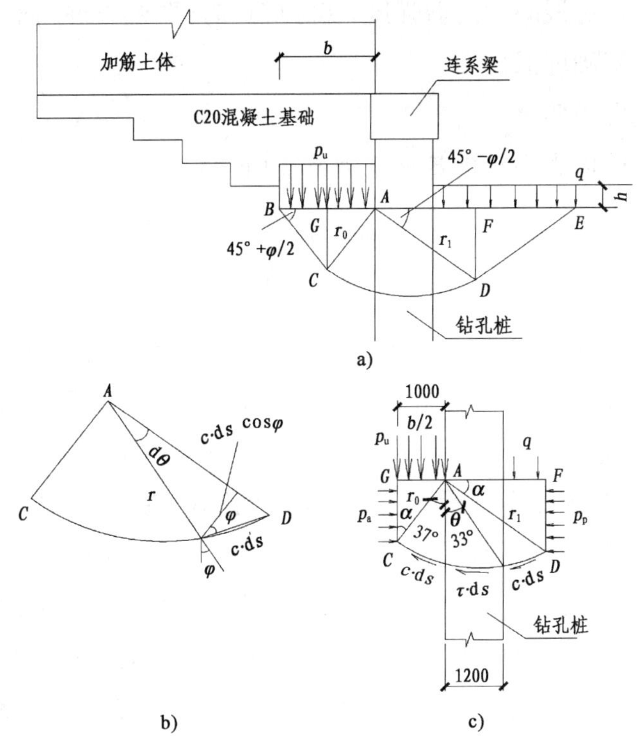

图 2.67　地基承载力计算图式

滑面摩阻力 $T_{c\tau}$：滑面切割土和桩，故滑面摩阻力由桩身混凝土和土共同构成。桩将滑面分成三部分，因此滑面摩阻力为：

$$T_{c\tau} = \int_0^{0.21\pi} cr\mathrm{d}\theta + \int_{0.21\pi}^{0.39\pi} \tau r\mathrm{d}\theta + \int_{0.39\pi}^{0.5\pi} cr\mathrm{d}\theta \quad (\text{kN}) \tag{2.53}$$

式中，螺旋曲线半径 $r = \dfrac{b}{2\sin\alpha} e^{\theta\tan\varphi}$。　(2.54)

②将上述力系对 A 点取力矩，令 $\sum M_A = 0$，即可求得极限承载力 p_u。

(3)地基承载力表达式

$$p_u = cN_c + \tau N_\tau + qN_q \tag{2.55}$$

其中，

$$N_c = \frac{1 + e^{\pi\tan\varphi}}{\tan\alpha} + \frac{e^{0.42\pi\tan\varphi} + e^{\pi\tan\varphi} - e^{0.78\pi\tan\varphi} - 1}{2\sin^2\alpha\tan\varphi} \tag{2.56}$$

$$N_\tau = \frac{e^{0.78\pi\tan\varphi} - e^{0.42\pi\tan\varphi}}{2\sin^2\alpha\tan\varphi} \tag{2.57}$$

$$N_q = \frac{e^{\pi\tan\varphi}}{\tan^2\alpha} \tag{2.58}$$

$$\alpha = 45° + \frac{\varphi}{2} \tag{2.59}$$

$$q = \gamma h \tag{2.60}$$

上述式中：c、φ——分别为土的黏聚力和内摩擦角；

τ——桩身混凝土抗剪强度，实际应用时，取桩与桩间土的综合抗剪强度；

h——基础埋深。

3)加筋体基底应力验算

要求加筋体基底应力小于地基承载力特征值，即：

$$\sigma_{\max} \leqslant \frac{p_u}{2} \tag{2.61}$$

4)柱板墙计算

下墙为柱板式墙，可借助理正岩土计算软件中的抗滑桩进行计算，参数输入时，不考虑滑坡推力，只考虑库仑土压力。值得指出的是，该柱板墙后为反包式土工格栅加筋土体，且未直接接触T形柱(有反滤层隔开)，理论上而言，这种加筋土体本身是一个自立稳定性结构，其施加于柱板墙上的侧向力很小。铁三院1993～1997年对京九线饶阳加筋土挡土墙进行试验，累计观测21次，测得7m高(基顶以上)反包式有纺土工布加筋土挡土墙的墙面板所受到的侧压力为墙背土压力的10.2%。具体计算时，可采用加大柱板墙后土体的内摩擦角予以处理，即可取路堤填土侧压力的50%的值所对应的内摩擦角进行计算，计算结果作为桩的配筋依据，桩顶计算位移可控制在1/200桩悬臂长之内。

另外，下墙的加筋土体也给悬臂式挡墙提供了良好的地基条件，一般而言，粗粒土填料加筋土的承载力可取250kPa。

5)全墙整体稳定性分析

柱板墙的整体稳定计算图式如图2.68所示。

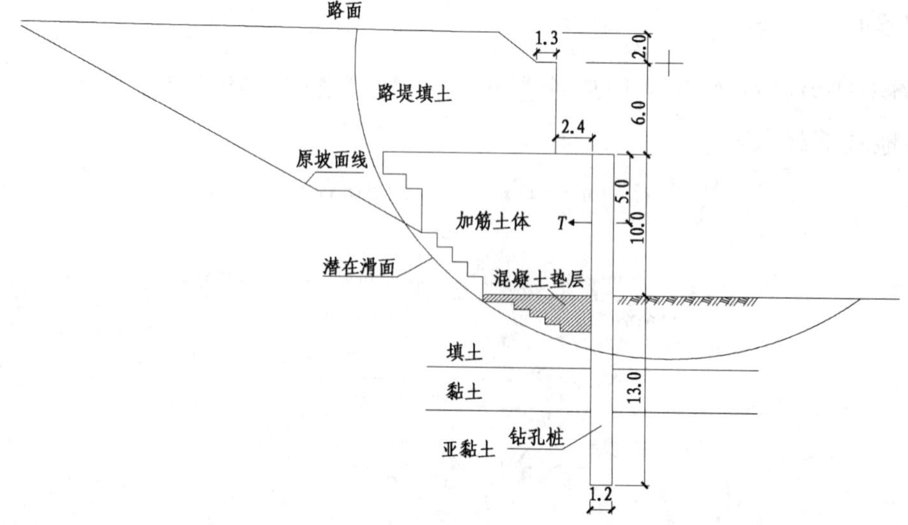

图2.68　柱板墙整体稳定计算图式(尺寸单位：m)

由于叠合墙处于路基拓宽部分的填土中，因此有必要考虑其整体滑移问题。假定整体稳定为圆弧滑动，则借助理正岩土计算软件中的复杂土层土坡稳定计算程序，可求得危险潜在滑动面的最小稳定系数，规范要求最小稳定系数不小于 1.3。潜在滑面的位置可自动搜索，也可参照图 2.68 指定剪出口搜索范围。

二、软土地基上的加筋土挡土墙

在软土地基上修建支挡结构物，即便是对地基进行处理，也应采用轻型支挡结构为宜，尤其是当挡墙高度较大、软土层较厚时，轻型支挡结构几乎是唯一出路。就软土地段填方体的轻型支挡结构而言，加筋土挡土墙具有较多的优越性，以下结合工程实例，介绍一个软土地基上 20m 高填方的加筋土挡土墙的设计。

某场地自上而下的地层为：

(1)人工填土：由含砾质粉土堆填而成，稍湿，松散，层厚 1.8～7.5m。

(2)砾砂：饱水，松散～稍密，流塑，层厚 0.6～6m，平均埋深 4.6m，承载力特征值 110kPa。

(3)砾质黏性土：稍湿，可塑～硬塑，为花岗岩风化残积土，层厚 4.0～23.4m，承载力特征值 220kPa。

钻孔未达基岩，地下水埋深 2.0m。场地地质条件表明，地表以下 5.2～10.6m 均为软弱土层，地基承载力远满足不了 20m 高填方的要求。解决方案只有进行地基处理和采用轻型支挡结构——加筋土挡土墙(见图 2.69)。

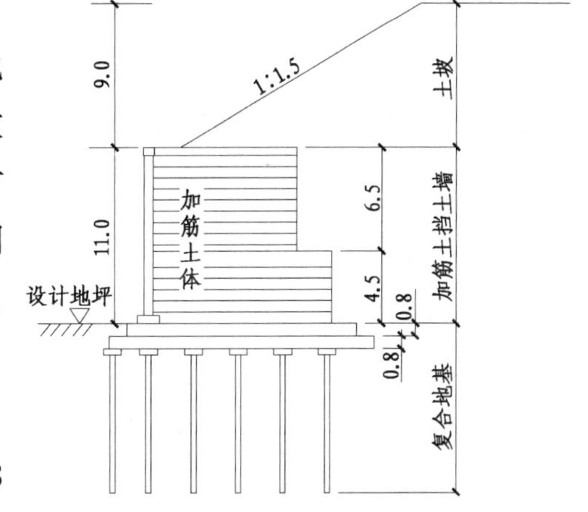

图 2.69　某高填方支护断面图(尺寸单位：m)

1. 地基处理

1)处理方法

地基处理采用刚性桩复合地基，由下述 3 部分组成(见图 2.69)：

(1)钢筋混凝土管桩：打入管桩外径 300mm，桩间距 2.5m×2.5m，方形布置，桩长 9～14m。

(2)帽板：打入管桩的直径小，桩间距也较大，对加固土的影响范围有限，为增大其影响范围，同时也为了增大与加筋土垫层的接触面积，打入管桩的顶端设有长宽各 0.9m、厚 35cm 的钢筋混凝土帽板，截桩后嵌入桩顶(见图 2.70)。

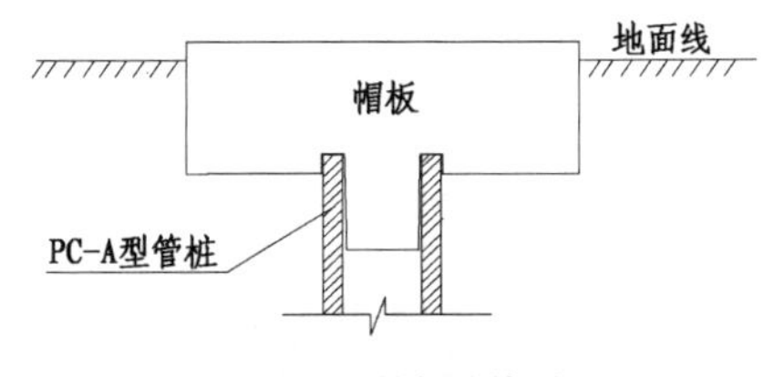

图 2.70　桩帽连接图

(3)加筋土垫层：共设两层加筋土垫层，每个加筋土垫层由 3 层塑料土工格栅及粗粒土填料组成，单个垫层厚 80cm。

2)刚性桩复合地基的计算

计算内容包括：

(1)单桩承载力的验算。

(2)帽板的抗冲切承载力验算。

(3)桩间土承载力验算。

(4)复合地基承载力计算。

详见第三章第六节桩承加筋土垫层法—刚性桩复合地基。

2. 加筋土挡土墙

加筋土挡土墙按第二章第五节内容进行设计。其计算内容包括：

(1)加筋土体沿地基的滑移。

(2)加筋土体的倾覆。

(3)地基承载力验算。

(4)拉筋的抗拔和断裂验算。

(5)墙面模块的滑脱与整体稳定。

具体计算内容详见第二章第五节结构计算部分。

三、陡坡地段的后拉锚柱板墙

1. 应用

当自然坡面的坡度陡于 1∶2(坡角≥27°)、且覆盖土层较厚、路肩填方高度在 8m 左右时，可采用后拉锚挖孔桩柱板墙，以保证支挡结构基础有足够的埋置深度和长期稳定性。

2. 结构构造

后拉锚挖孔桩柱板墙由下列主要部件组成(见图 2.71)：挖孔桩、预应力锚索(视地层条件而定)、连系梁、T 形柱、挡土板、钢拉杆、锚碇板(视 T 形柱高度而定)。具体设计可按第二章第二节内容执行。值得指出的是，钢拉杆的设置应待墙后填土夯填至拉杆高程以上 20cm 后，挖槽就位，同时对拉杆要作防锈处理。

3. 计算

参见第二章第二节内容。

四、陡坡地段的树根桩基加筋土挡土墙

1. 应用

当自然坡面的坡度陡于 1∶2(坡角≥27°)、且覆盖土层不太厚、路肩填方高度在 8m

左右时可采用树根桩基加筋土挡土墙。

2. 结构组成

主要由树根桩基础和加筋土挡土墙构成(见图 2.72)。

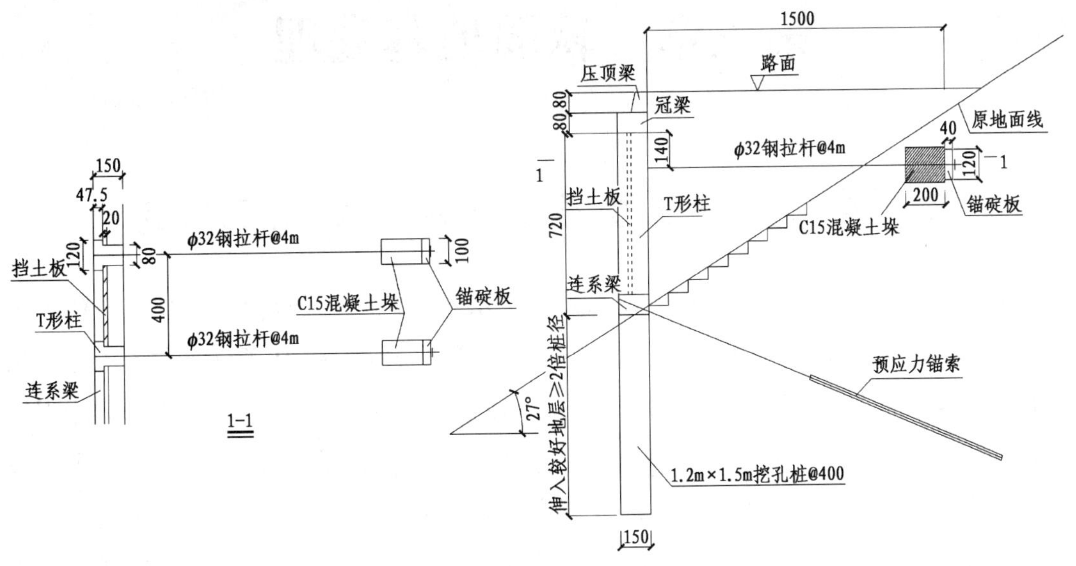

图 2.71　陡坡地段后拉锚柱板墙构造

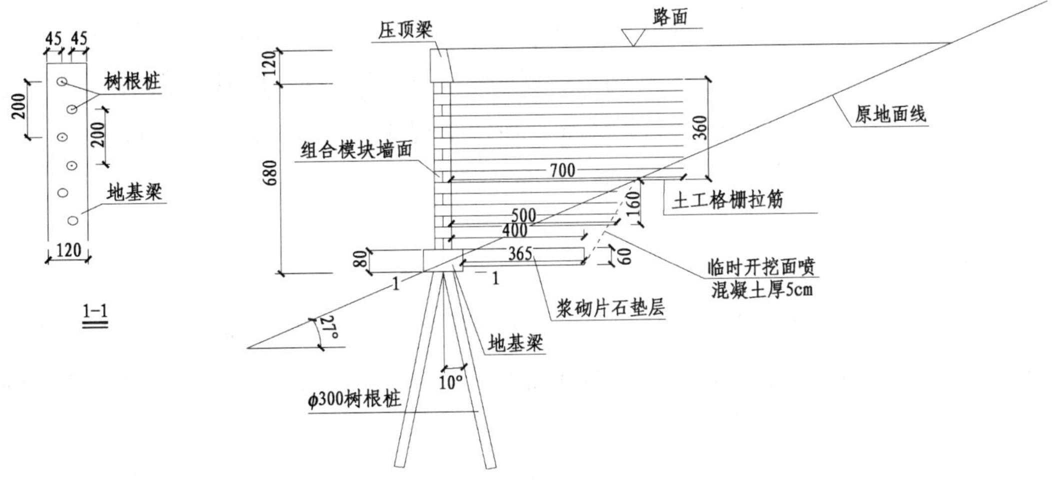

图 2.72　陡坡地段加筋土挡土墙构造

第三章　软弱地基处理

第一节　加筋土垫层法与人工硬壳层理念

加筋土垫层法是近几年来软土地基处理技术中出现的一种新型垫层法，与传统的非加筋土垫层相比，它有一系列的优点：(1)提高了垫层的承载力；(2)增大了压力扩散范围，从而降低了垫层底面的压力；(3)能减小建筑物的不均匀沉降；(4)整体上能限制地基土的剪切和侧向挤出变形；(5)加筋布置形式得当，如采用闭合式的立体形布置时，还可形成人工硬壳层。公路路堤实验研究与工程实践表明，当软土地基表层存在人工"硬壳层"时，高达3～5m的路堤可不作深层处理，也可满足稳定要求，同时沉降也被控制在允许范围内。

深圳地区的软土地基往往缺失硬壳层，地表多为松散至稍密的人工填土层，厚度变化较大，具高压缩性，承载力较低，不宜直接用作路基持力层，但其工程性质又稍优于下卧软土层(淤泥或淤泥质土)，因此当下卧软土层不太厚时(3～5m)，可利用这一填土层将其部分改造成人工硬壳层，而不作深层处理。

一、工艺特点

人工硬壳层比较经济适用的做法可采用加筋土垫层，即挖除部分地表浅层软弱土→原土补充碾压或重锤夯实数遍→填筑加筋土垫层(人工硬壳层)至路面基层底标高。图3.1为其典型构造图。

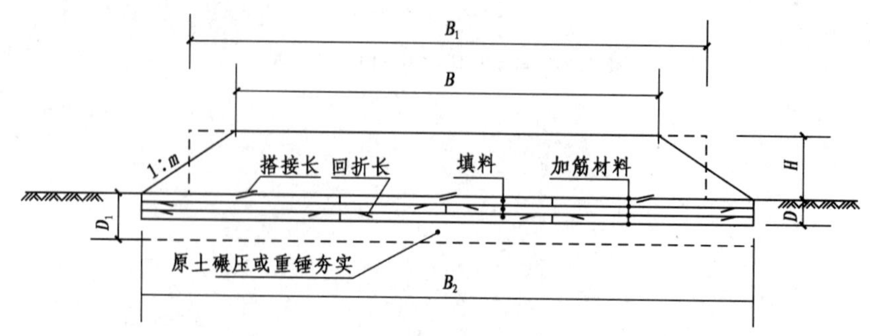

图3.1　加筋土垫层及硬壳层构造

D_1-硬壳层厚度；D-加筋土垫层厚度

二、原理与作用

原理尚在研究、探索之中，一般认为硬壳层具有板体支撑效应。根据加筋土的“准黏聚力”原理，即加筋砂土力学性能的改善，是由于新的复合土体(加筋砂)增加了一个“黏聚力”(见图 3.2)，这个黏聚力不是砂土原有的，而是加筋的结果，其表达式可根据土的极限平衡条件求得，因此加筋土垫层的黏聚力可写作：

$$c=\frac{T_a}{2s_y}\tan\left(45^\circ+\frac{\varphi}{2}\right) \tag{3.1}$$

式中：T_a——加筋材料的设计拉力，一般 $T_a=\frac{T}{3.5}$；

T——加筋材料的破断拉力；

s_y——加筋层距；

φ——土的内摩擦角。

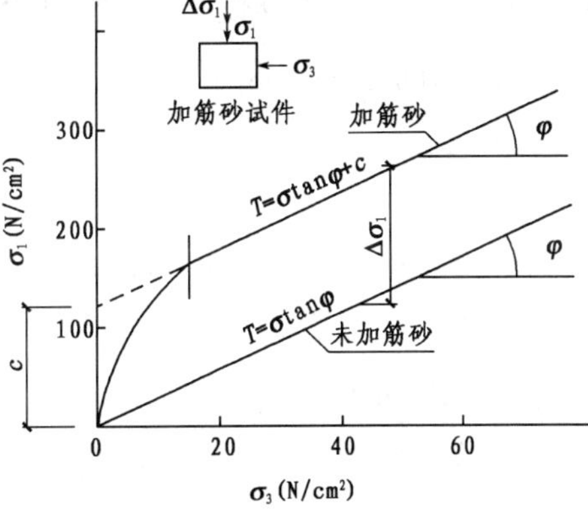

图 3.2　加筋砂与未加筋砂的强度曲线

拉筋转化为“准黏聚力”后，加筋土具有较高的强度和刚度，承载力可达 200kPa 以上，变形模量可达 30MPa。为此，可将加筋土体视为一支撑在地基上的准板体，用以抵抗路堤和地基的剪切破坏，从而使路堤和地基的整体稳定性得到保障，同时沉降也被控制在允许范围内。

三、适用条件

适用于地表以下人工填土层或素土层厚度不小于 2.8m、软土层厚度不大于 5m、路堤填方高度不大于 3m 的路段。

四、设计

(1)垫层厚度：0.5～1.5m，一般要求 $H\leqslant 1.5D_1$(见图 3.1)。

(2)垫层宽度：等于路堤底宽 B_2 加 1.0～1.5m。

(3)垫层填料：

①砂砾、碎石：有一定级配，含泥量不大于 5%，粒径不大于 100mm。

②石粉渣：含粉量不超过 10%，最大粒径不大于 40mm。

③素土：采用砂质黏土或砾质黏性土，有机质含量小于 5%。

(4)加筋材料：

①塑料土工格栅：单向，抗拉力不小于 80kN/m，质量不小于 900g/m²，沿路堤纵向搭接长度为 15cm。

②有纺土工布：通过实验确定采用与否。

③加筋层距：30～50cm。

(5)垫层压实度：符合路基规范要求，一般为93%～96%。

(6)原土夯实：地表填土层往往密实度较松散，可采用重型压路机或重锤对开挖后的坑底进行夯实，以补充硬壳层的厚度；锤重15kN，落距4～5m，锤底直径1.15m，满夯多遍。若地下水位较高，应采用片石层垫底，以便于夯实。

(7)加筋土垫层底不得直接接触淤泥。

五、计算

(1)稳定(圆弧滑动法)：按式(3.1)求得加筋土垫层的黏聚力后，假定φ值不变，即可采用理正边坡稳定分析中的复杂土层土坡稳定计算程序进行计算。计算中可根据需要调整加筋土垫层厚度。

(2)算例(见图3.3)：路堤高3.0m，荷载30kPa，其他资料见表3.1。

表3.1

区　号	重度(kN/m³)	土　性	土层厚(m)	黏聚力(kPa)	内摩擦角(度)
1	18.600	路堤填土	3	23.000	25.000
2	18.000	粉质黏土	3	25.000	22.000
3	19.000	石粉加筋土	1.5	35.000	25.000
4	18.500	压实素填土	1	20.000	18.000
5	17.000	淤泥	5	8.000	2.000

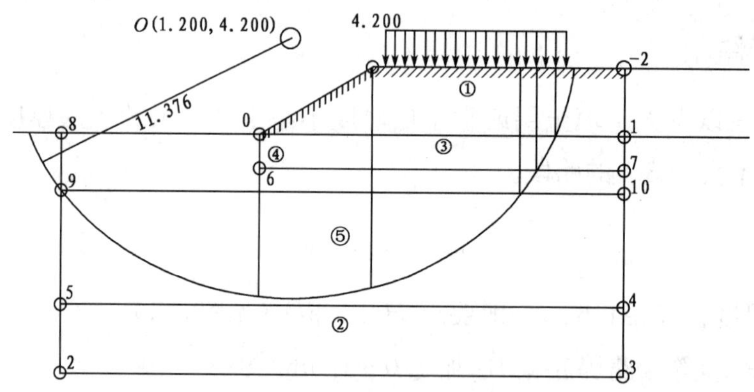

图3.3　加筋土垫层路堤稳定计算

石粉渣加筋土黏聚力计算：石粉渣取$\varphi=25°$，格栅破断拉力$T=80\text{kN}$，相应安全系数取3.5，格栅层距$s_y=0.4\text{m}$，$T_a=\dfrac{80}{3.5}=22.85\text{kN}$，则$c=\dfrac{22.85\times\tan\left(45°+\dfrac{25°}{2}\right)}{2\times0.4}=$ 36.23kPa。

最不利滑动面计算结果：

滑动圆心坐标(1.200，4.200)(m)

滑动半径 11.376m

滑动安全系数 1.362≥1.3(满足)

上述稳定计算包括堤身与地基两者的整体稳定,因此同公路路基中的高填方路堤一样,稳定计算通过,强度问题亦得到保障,剩下的问题就是压缩变形——沉降计算。

(3)沉降:采用分层总和法,按公路路基设计相关规范执行,在此不再赘述。

六、绘图

平、纵、横断面图及加筋布置大样图。

七、质量检验

(1)每一压实层均应检测压实度,检测方法可采用环刀法或灌水(砂)法。

(2)交工面完成后,应按路基施工规范中有关土质路堤施工质量标准进行检验,其中交工面的弯沉值要求不宜大于 330(1/100mm)。

第二节　堆载预压、塑料带排水固结法

一、工艺特点

在加固地段插打塑料排水带,然后利用路堤填土按一定速率逐级对地基预压,使地基强度逐渐提高,同时完成预加荷载下的地基沉降量。

有时为缩短工期,可采用超载预压(堆载大于路堤设计高度),待地基固结度和沉降速率满足设计要求后,挖去超载部分,整平至交工面(路床顶面)。

二、原理与作用

在预压荷载作用下(见图 3.4),地基土中的孔隙水通过塑料带(见图 3.5)排出加固体外,从而导致土中孔隙水压力逐渐消散,有效应力增长,压缩变形增加,即部分沉降提前完成,以达到在设计荷载下,工后沉降量小于容许值。以上过程用有效应力原理(见图 3.6)描述,即为

$$\Delta p = \Delta\sigma + \Delta u \tag{3.2}$$

式中:Δp——由于加载,地基中某点的总应力增量;

$\Delta\sigma$——由于加载,地基中某点的有效应力增量;

Δu——由于加载,地基中某点的孔隙水压力增量;

若时间 t 趋向无穷大,则 $\Delta u=0$,即 $\Delta p=\Delta\sigma$,土体便产生压缩变形 Δs。

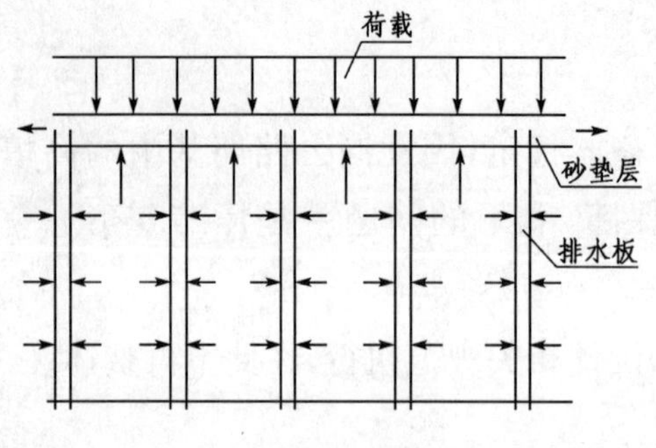

图 3.4　排水固结法示意图

图 3.5　机器插打塑料带

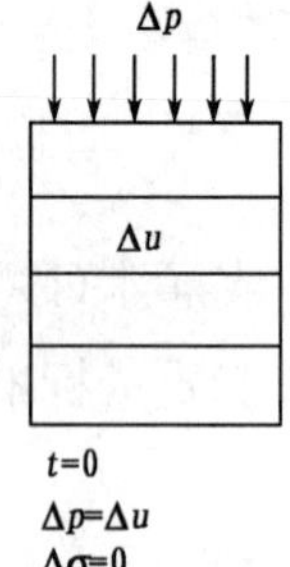

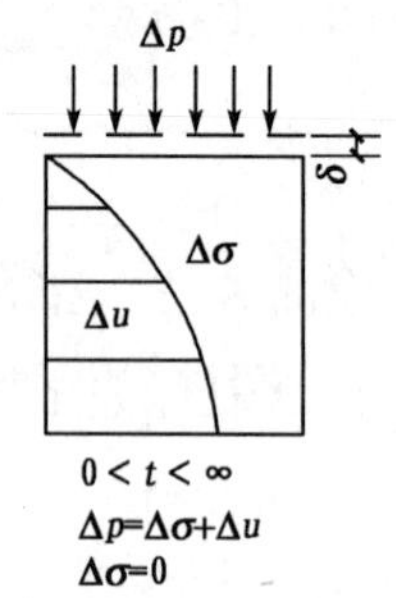

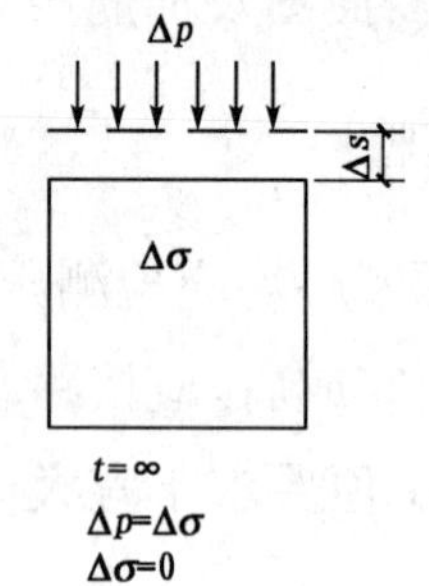

图 3.6　有效应力原理

三、适用条件

适用于处理路堤高度不大、工期较富裕的深厚饱和黏性土(淤泥、淤泥质土、冲填土等)地基。

四、设计计算

1. 排水系统

1)塑料排水带的平面布置(见图 3.7)

(1)布置方式:正三角形或正方形。

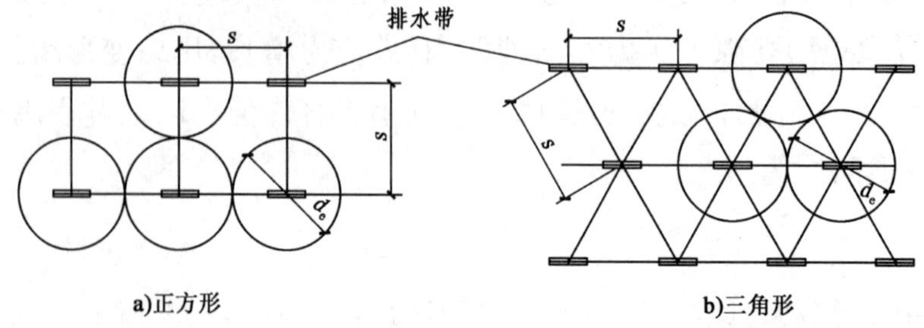

图 3.7　排水带平面布置

(2)单根排水带有效影响的圆直径 d_e:三角形,$d_e=1.05s$;正方形,$d_e=1.13s$。其中,s 为排水带间距。

(3)排水带的等值砂井直径 D_p：

$$D_p = \alpha \frac{2(b+\delta)}{\pi} \tag{3.3}$$

式中：b——带宽(常用 100mm)；

δ——带厚(常用 4mm)；

α=0.75～1.0(常用 1.0)。

(4)排水带间距可按井径比 n 确定：

$$n = \frac{d_e}{D_p} = 15 \sim 22 \tag{3.4}$$

排水带间距满足：1.0m≤常用间距＜2.0m。

(5)平面布置范围：超出建(构)筑物基础外边缘 4～6m。

2)排水带的竖向设计深度

(1)沉降量控制：打穿软土层。

(2)稳定性控制：穿越最危险圆弧滑动面 2.0m。

3)砂垫层设置

(1)厚度＞400mm。

(2)材料：中、粗砂，含泥量＜5%。

(3)砂垫层中盲沟间距不大于 50m，主、横盲沟交叉处设集水井。

(4)有条件时，可在地基加固边界设置与盲沟相通的排水明沟。

4)固结度计算

(1)对于多级等速加载，排水带打穿软土层时，软土地基的平均固结度为：

$$U_t = \sum_{i=1}^{n} \frac{q_i}{\sum \Delta p}\left[(T_i - T_{i-1}) - \frac{\alpha}{\beta} e^{-\beta t}\left(e^{\beta T_i} - e^{\beta T_{i-1}}\right)\right] \tag{3.5}$$

式中：q_i——第 i 级荷载的加荷速率(kPa/d)；

$\sum \Delta p$——各级荷载的累加值(kPa)；

T_{i-1}、T_i——第 i 级荷载加载的起始和终止时间(第 1 级从零开始)；

α、β——参数，竖向、内径向联合排水固结时，可按下式求解：

$$\alpha = \frac{8}{\pi^2} \tag{3.6}$$

$$\beta = \frac{8C_h}{F_n D_e^2} + \frac{\pi^2 C_v}{4H^2} \tag{3.7}$$

式中：C_v、C_h——竖、径向固结系数(cm^2/s)；

H——竖向排水深度(m)，双向排水 H 取深度的一半。

$$F_n = \frac{n^2}{n^2-1}\ln(n) - \frac{3n^2-1}{4n^2} \tag{3.8}$$

算例：已知 $C_v = C_h = 1.8 \times 10^{-3} cm^2/s$，袋装砂井直径 D_p=70mm，等边三角形排

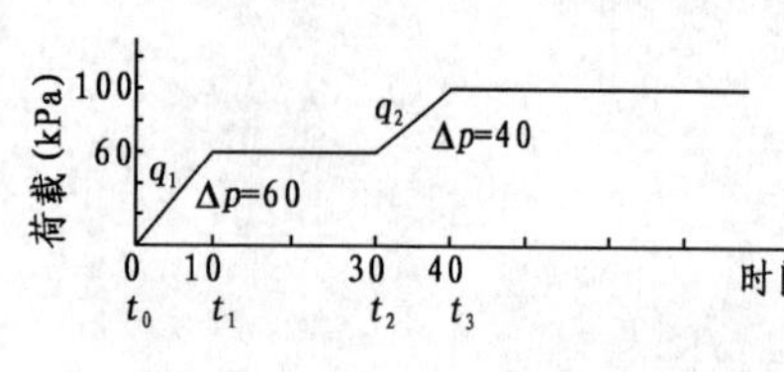

图 3.8 加荷曲线

列，间距 $a=1.4$m，深度 $H=20$m，砂井底部为不透水层，打穿受压层(20m)。$\sum\Delta p=100$kPa，分两级等速加载，加荷曲线如图 3.8 所示。求加荷开始后 40d 时，受压土层的平均固结度。

解：井径比

$$n=\frac{1.47}{0.07}=21$$

参数 $$F_n=\frac{21^2}{21^2-1}\ln 21-\frac{3\times 21^2-1}{4\times 21^2}=2.3$$

$$\alpha=\frac{8}{\pi^2}=0.81$$

$$\beta=\left(\frac{8\times 1.8\times 10^{-3}}{2.3\times 147^2}+\frac{3.14^2\times 1.8\times 10^{-3}}{4\times 2000^2}\right)/\mathrm{s}=2.098\times 10^{-7}/\mathrm{s}=0.0251/\mathrm{d}$$

$$\frac{\alpha}{\beta}=\frac{0.81}{0.0251}=32.7$$

第一级加荷速率 $$q_1=\frac{60}{10}=6\text{kPa/d}$$

则 $$U_{t3}=\frac{6}{100}\times[(10-0)-32.7\mathrm{e}^{-0.0251\times 40}\times(\mathrm{e}^{0.0251\times 10}-\mathrm{e}^{0})]+\frac{4}{100}\times[(40-30)-32.7\mathrm{e}^{-0.0251\times 40}\times(\mathrm{e}^{0.0251\times 40}-\mathrm{e}^{0.0251\times 30})]$$
$$=0.395+0.11=0.505$$

求加荷开始后 80d 时，受压土层的平均固结度：

$$U_{t4}=\frac{6}{100}\times[(10-0)-32.7\mathrm{e}^{-0.0251\times 80}\times(\mathrm{e}^{0.0251\times 10}-\mathrm{e}^{0})]+\frac{4}{100}\times[(40-30)-32.7\mathrm{e}^{-0.0251\times 80}\times(\mathrm{e}^{0.0251\times 40}-\mathrm{e}^{0.0251\times 30})]$$
$$=0.525+0.294=0.818$$

(2)对于多级等速加载，排水带未打穿软土层时，软土地基的平均固结度为：

$$U=QU_{rv}+(1-Q)U_v \tag{3.9}$$

$$Q=\frac{H_1}{H_1+H_2} \tag{3.10}$$

式中：U_{rv}——排水带深度范围内土层的平均固结度；

U_v——排水带深度以下土层的平均固结度，此时竖向排水深度为 H_2；

H_1——排水带深度；

H_2——排水带深度以下压缩土层厚度。

2. 加压系统

(1)预压荷载：路堤填土或其他(土、真空)。

(2)预压方式：按一定的速率分级逐渐加载。

(3)每级荷载增量的确定：

$$\Delta p_i = \frac{N_c \tau_{ft}}{F_s} - \sum_{i=1}^{i-1} \Delta p_i \quad \text{(kPa)} \tag{3.11}$$

式中：N_c——承载力系数，可取 5.14；

τ_{ft}——第 1 级荷载时，为天然地基不排水抗剪强度，其他各级荷载，为前一级荷载下固结增大后的抗剪强度；

$$\tau_{ft} = \eta(\tau_{f0} + \Delta\tau_{fc}) \tag{3.12}$$

τ_{f0}——天然地基抗剪强度；

$\Delta\tau_{fc}$——竖向附加应力 $\Delta\sigma_z$ 所致抗剪强度增量（荷载增量所致），可按下式求得：

$$\Delta\tau_{fc} = \Delta\sigma_z \cdot U_t \cdot \tan\varphi_{cu} \tag{3.13}$$

U_t——历时 t 的地基平均固结度；

φ_{cu}——固结快剪内摩擦角；

η——折减系数，可取 0.75～0.9；

F_s——安全系数，可取 1.3。

（4）预压历时 t 的地基土沉降量：

$$s_t = \left[(\xi - 1)\frac{p_t}{\sum \Delta p} + U_t\right] s_f \tag{3.14}$$

式中：ξ——系数，取 1.1～1.4；

p_t——第 n 级荷载的平均加荷速率（kPa/d）；

$\sum \Delta p$——各级荷载的累加值；

s_f——最终沉降。

五、实用设计步骤

1. 确定预压荷载大小（预压高度）

图 3.9 为堆载预压横断面图，预压荷载大小等于路基底面压应力，即路堤设计高度＋预压沉降量＋路面结构层厚度，三者之和产生的基底压应力。超载大小应根据工期和要消除的沉降量通过计算确定，一般不超过设计荷载的 30％。

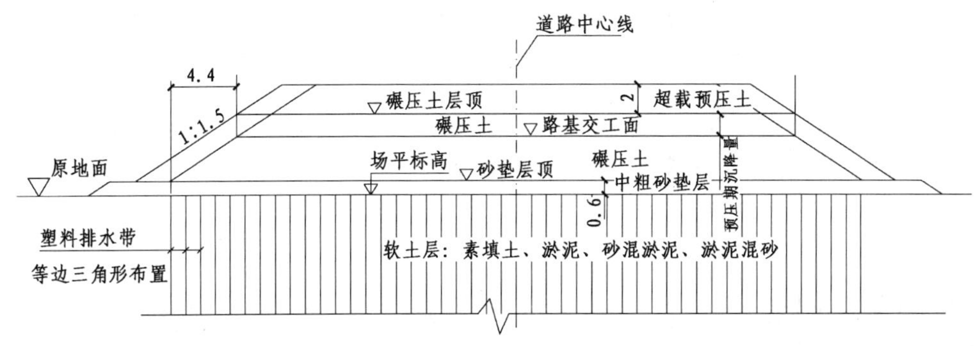

图 3.9　堆载预压横断面图（尺寸单位：m）

2. 计算地基的最终变形量

$$s_f = \xi \sum_{i=1}^{n} \frac{e_{0i} - e_{1i}}{1 + e_{0i}} h_i \tag{3.15}$$

或

$$s_f = \sum_{i=1}^{n} \frac{\Delta\sigma_i}{E_{si}} h_i \tag{3.16}$$

3. 计算所需预压沉降量 s_t

$$s_t = s_f - \text{容许工后沉降量}$$

4. 完成 s_t 所需时间

1)按径向固结度估算

$$t = \frac{T_h d_e^2}{C_h} \tag{3.17}$$

$T_h = f(U_r)$,根据井径比 n[见式(3.4)]和所要求达到的固结度 U_r,查表 3.2 得 T_h。式中,C_h为径向固结系数。

T_h 取 值 表 3.2

T_h n / U_r	14	15	16	17	18	19	20	21	22
0.5	0.164	0.171	0.176	0.181	0.186	0.191	0.195	0.199	0.203
0.6	0.218	0.226	0.233	0.240	0.246	0.252	0.258	0.264	0.269
0.7	0.286	0.297	0.306	0.315	0.324	0.332	0.339	0.346	0.353
0.8	0.383	0.397	0.409	0.421	0.433	0.443	0.453	0.463	0.472
0.9	0.548	0.567	0.586	0.603	0.619	0.634	0.649	0.663	0.676

2)按竖向固结度估算

$$t = \frac{T_v H^2}{C_v} \tag{3.18}$$

$T_v = f(U_v)$,可根据透水面与不透水面处附加应力的比值和所要求达到的固结度 U_v 查表 3.3 求得。

T_v 取 值 表 3.3

U_v / p_1/p_2	0.5	0.6	0.7	0.8	0.9
0	0.29	0.38	0.5	0.66	0.95
1	0.2	0.29	0.4	0.56	0.85
∞	0.09	0.16	0.28	0.44	0.73

5. 确定第 1 级容许施加荷载(或分级填土高)

$$\Delta p_1 = \frac{5.52\tau_{f0}}{F_s} \tag{3.19}$$

式中符号意义同前。

加载速率控制:

(1)每天竖向沉降量 10～20mm；

(2)每天边桩位移不超过 4～6mm；

(3)孔隙水压力增长值与荷载增长值之比小于 0.6。

6. 卸载标准

(1)实测沉降量达到要求；

(2)实测推算的固结度满足要求；

(3)实测沉降速率满足要求；

(4)实测地基土的抗剪强度满足要求。

7. 原位监测

1)监测内容

(1)地表沉降；(2)边桩位移；(3)深层沉降与位移；(4)孔隙水压力。

2)监测点的布置

一般路段沿纵向每 100～200m 设置 1 个监测断面(见图 3.10、图 3.11)。

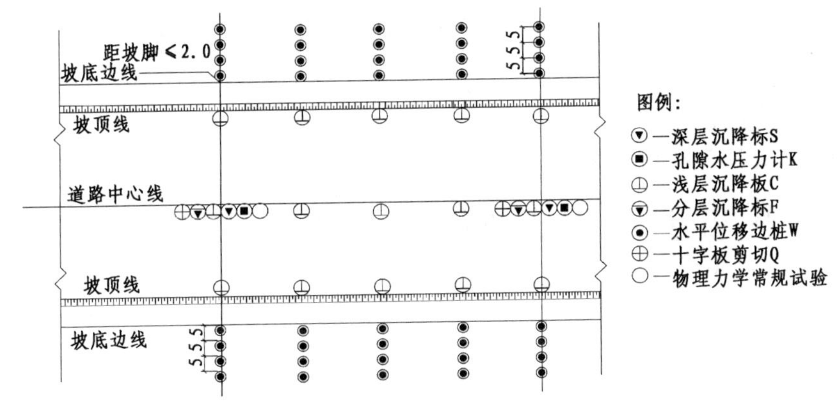

图 3.10 监测点布置平面图(尺寸单位:m)

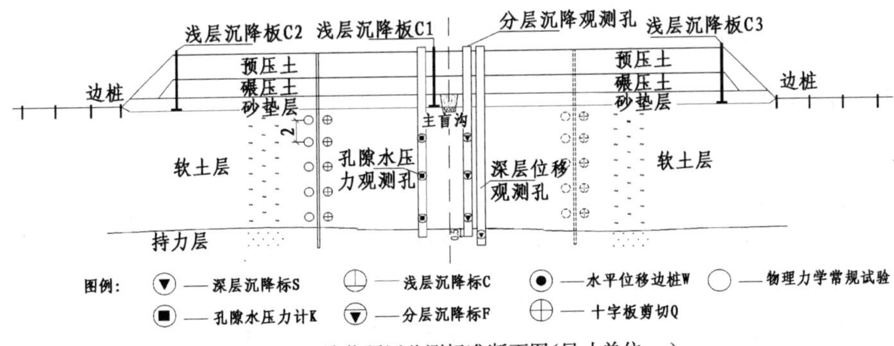

图 3.11 堆载预压监测标准断面图(尺寸单位:m)

3)监测频率

堆载过程中,每天观测一次;堆载结束后,每 3～7d 观测一次。

8. 绘图

(1)平面图:以道路平面图为基础,示出堆载加固范围。

(2)纵断面图:以道路纵断面图为基础,示出排水带底高程、原地面高程、砂垫层顶面高程、碾压土层厚度、堆载顶面(按路基填土碾压)高程、预压沉降量、交工面高程、超载顶面高程、桩号等。

上述高程参数的相互关系如下:

①砂垫层顶面高程:按砂垫层厚度不小于0.5m确定,相当于场平高程。

②堆载顶面(按路基填土碾压)高程=砂垫层顶面高程+碾压土层厚度。

③交工面高程=堆载顶面(按路基填土碾压)高程-预压沉降量。

(3)横断面图:以道路横断面图为基础,示出排水带的横向布置范围,以及与纵断面相对应的高程内容(参见图3.9)。

(4)排水盲沟平面与断面图(包括布置图与大样)。

(5)排水带平面布置大样图。

(6)监测平、断面布置图(参见图3.10、图3.11)。

(7)施工程序图。

(8)总说明:包括排水系统、加压系统、监测系统以及其他常规内容。

六、质量检验

(1)塑料排水带的性能指标检测。

(2)根据堆载预压监测资料对加固效果进行评价。

第三节 强 夯 法

一、工艺特点

将10～40t的重锤提升10～20m的高度,反复夯击地基,使地基土压实和振密(见图3.12),以达到提高地基土强度、降低压缩性的目的。

图3.12 强夯现场

二、原理与作用

强夯法加固地基的机理至今尚未形成成熟和完善的理论。比较一致的看法如下:

(1)对于非饱和土而言,是基于动力压密的概念,即冲击型动力荷载使土体中的孔隙体积减小,土颗粒靠近,土体密实,从而提高其强度。所以,强夯法又可称为动力压密法(Dynamic Compaction)。

(2)对于饱和土而言,是基于动力固结模型,即在强

大的夯击能作用下，土中孔隙水压力急剧上升，致使土体中产生裂隙，土的渗透性剧增，孔隙水得以顺利排出，土体出现固结，压缩变形和强度同时增长（见图3.13）。所以，强夯法又可称为动力固结法（Dnamic Consolidation）。

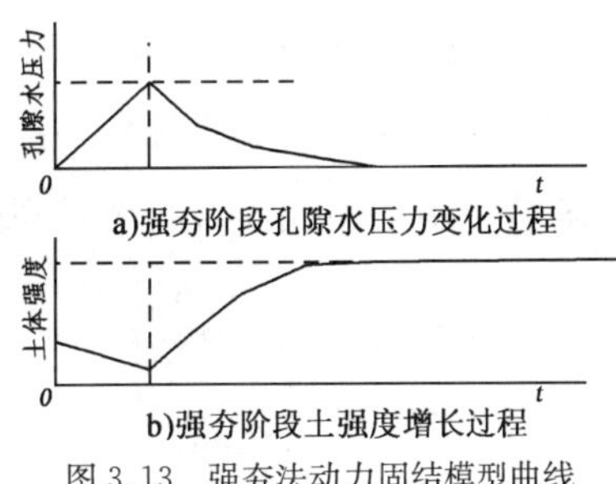

图 3.13　强夯法动力固结模型曲线

三、适用范围

强夯法适用于杂填土地基、素填土地基、填海地基、可液化砂土地基等，对于饱和黏土（淤泥质黏土）地基，往往采用在夯坑内填块石，形成强夯置换墩。

四、强夯设计

强夯设计主要是确定下列强夯参数。

1. 有效加固深度 H

可按下式估算：

$$H \approx \alpha\sqrt{\frac{Mh}{10}} \tag{3.20}$$

式中：M——锤重(kN)，100～250kN；

h——落距，8～25m；

α——经验系数，一般采用 0.4～0.7。

2. 夯击能

(1)单击夯击能：锤重与落距的乘积，取决于欲加固的深度。

(2)单位夯击能：整个加固场地的总夯击能（即锤重×落距×总夯击数）除以加固面积，它影响整体加固效果，可通过试验确定，粗粒土可取 1000～3000kN·m/m^2，细粒土可取 1500～4000kN·m/m^2。

3. 夯击次数

按现场试夯得到的夯击次数与沉降量关系曲线确定，同时应满足下列条件：

(1)夯击能在 3000kN·m 以下时，最后两击平均夯沉量不大于 50～70mm；

(2)夯击能大于 3000kN·m 时，最后两击平均夯沉量不大于 80～100mm；

(3)夯坑周围地面隆起量不大于 1/4 夯沉量体积。

4. 夯击遍数

原则上应根据地基土的性质而定，一般夯击 2 遍，最后以低能量满夯一遍。

5. 间隔时间

两遍夯击之间应有一定的时间间隔，透水性差的黏性土 2～4 周，砂土等粗颗粒土可连续夯击。

6. 夯点布置与夯击间距

夯击点布置可取等边三角形或正方形，间距可按夯击间距和夯击遍数确定，第一遍夯击间距 4～9m，以后各遍的间距与第一遍相同（见图 3.14）。

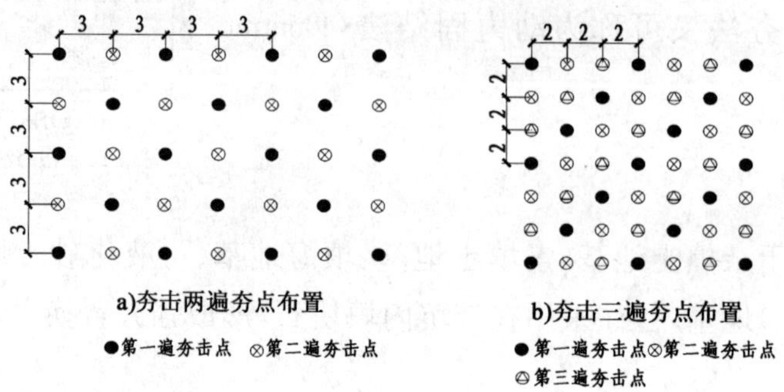

图 3.14　强夯夯点布置图（尺寸单位：m）

7. 强夯处理范围

由于基础底面应力扩散作用，强夯处理范围应大于基础范围，一般应超出路基边缘外 3m。

五、强夯设计出图

1. 平面图

以道路平面图为基础，示出强夯平面范围、起止里程、控制点坐标、夯击能大小、夯点布置大样图等。

2. 纵断面图

以道路纵断面图为基础，示出道路设计线、原地面线、场地平整线或垫层顶面线（起夯面）、交工面等高程线。

3. 横断面图

以道路横断面图为基础，示出路基断面、强夯外边线、原地面线、场地平整线或垫层顶面线（起夯面）、交工面等高程线。

4. 主要说明内容

（1）强夯参数的确定：见前述。

（2）质量检验与验收。

（3）施工注意事项：强夯加固顺序，先深层后浅层；重视低能量满夯工序，避免表层土松弛；加强检测，做好施工记录。

六、质量检验与验收

1. 室内试验

比较夯前、夯后土的物理力学性质指标的变化。

2. 原位测试

十字板试验、标准贯入试验、静力触探试验、荷载试验、表面波谱分析法等。

3. 验收

检验深度大于设计处理深度。检验点不少于 3 点，每增加 1000m^2，增加一检验点。

第四节　水泥土搅拌桩法

一、工艺特点

水泥土搅拌桩法是通过搅拌机械，将水泥与地基软土强制搅拌成桩柱体，这种桩柱体具有半刚性体的特性，若干桩柱体与周围的软土体构成强度较高、变形较小的复合地基，可以达到软土地基加固的目的(见图 3.15)。

二、原理与作用

(1)水泥土搅拌桩的竖向增强体作用。通过搅拌，水泥固化剂与软黏土产生一系列的物理化学反应，在软土地基中形成刚度较大的水泥土桩柱体，从而使地基土得到加固。

(2)水泥土搅拌桩与桩周土共同承担构(建)筑物荷载，形成非均质、各向异性的人工复合地基，人工复合地基的强度和沉降显然优于原未加固土地基。

三、适用范围

水泥土搅拌桩的应用要考虑两个主要问题，一是地基土的可搅拌性，如高液限软土就不宜搅拌；二是地基中的水和土质条件对水泥是否有害，如有机质含量高、pH 值较低的软土加固效果就很差。一般而言，水泥土搅拌桩适用于处理淤泥、淤泥质土、粉土等黏性土地基。

图 3.15　搅拌桩实作示意图

四、水泥土的工程性能

1. 水泥掺入比 a_w

$$a_w = \frac{\text{掺入的水泥质量}}{\text{每延米长桩孔软土的天然质量}} \times 100\% \tag{3.21}$$

2. 水泥土的物理性质

水泥土的重度、含水率、渗透系数等物理性质均与水泥掺入比有关，但变化范围不大，与天然软土相比，约在7%以下。

3. 水泥土的力学性质

水泥土的无侧限抗压强度、抗剪强度、压缩模量等力学性质与水泥掺入比、龄期、土质条件等因素有关，且变化较大，一般应通过试验测定，表3.4所列数据可供参考。

水泥土的性能指标

表3.4

试样编号	水泥掺入比	龄期(d)	无侧限抗压强度(MPa)	直剪指标		压缩模量(MPa)	工程地点
				c(kPa)	φ		
1	15	28		110	48.7	22	广珠高速公路
2	15	28		105.5	28.2	25.7	深圳宝安
3	17	28		258.5	32	35.9	广珠高速公路
4	17	28	1.12				广珠高速公路
5	15	28	1.315	289	32		
6	10	28	0.623	161	26.5		
7		140	1.842				广珠高速

注：不同龄期水泥土无侧限抗压强度间的关系为 $f_{cu7}=(0.47\sim0.63)f_{cu28}$；$f_{cu90}=(1.43\sim1.8)f_{cu28}$。

五、设计与计算

(1)桩径：常用500～700mm。

(2)桩间距：根据置换率确定，一般为1.0～1.5m。桩的平面布置可为等边三角形、正方形或格栅形。

(3)水泥宜选用42.5普通硅酸盐水泥，水泥掺入比在17%左右。

(4)桩长：一般应穿透软土层，进入持力层0.5m。

(5)置换率：

$$m=\frac{A_p}{A_e} \tag{3.22}$$

或

$$m=\frac{0.907D^2}{s^2}\quad(\text{桩呈正三角形布置时}) \tag{3.23}$$

$$m=\frac{0.785D^2}{s^2}\quad(\text{桩呈正方形布置时}) \tag{3.24}$$

式中：A_p——一根桩截面积；

A_e——一根桩承担的加固面积；

D——桩直径；

s——桩间距，即桩位布置的正三角形边长或正方形边长。

置换率的大小取决于所要求的复合地基承载力的大小，一般应大于17%。

(6)单桩承载力。单桩竖向承载力标准值 R_k^d 可按下列两式计算，取其小值。

$$R_k^d = \eta f_{cu,k} A_p \quad (按水泥土强度) \tag{3.25}$$

或

$$R_k^d = U_p \sum q_{si} l_i + \alpha A_p q_p \quad (按桩侧摩阻力) \tag{3.26}$$

式中：η——桩身强度折减系数，可取 0.3～0.5；

$f_{cu,k}$——水泥土试块 90d 无侧限抗压强度(kPa)，一般可取 1～1.5MPa；

U_p——桩周长(m)；

q_{si}——桩周土摩阻力，淤泥 5～8kPa，淤泥质土 8～12kPa，黏性土 12～18kPa；

l_i——桩周第 i 层土的厚度；

α——桩端土承载力折减系数，一般可取 0.4～0.6，土质好，取大值；

q_p——桩端土承载力标准值。

(7)复合地基承载力。复合地基承载力的标准值 $f_{sp,k}$ 可按下式估算：

$$f_{sp,k} = m \frac{R_k^d}{A_p} + \beta(1-m) f_{s,k} \tag{3.27}$$

式中：m——桩土面积置换率；

β——桩间土承载力折减系数，桩端未穿透软土层时，取 0.5～1.0，桩端为硬土层时，取 0.1～0.4；

$f_{s,k}$——桩间土承载力标准值。

(8)桩顶褥垫层：级配中粗砂或碎石加筋土垫层，厚度 0.3～0.5m，宽度应超出最外排桩 1m。

(9)沉降计算：搅拌桩复合地基的沉降包括复合土层的压缩变形和桩端下未加固土层的压缩变形。

①复合土层的压缩变形 s_1 计算：

$$s_1 = \frac{(p_0 + p_{0z}) l}{2E_{ps}} \tag{3.28}$$

$$E_{ps} = mE_p + (1-m) E_s \tag{3.29}$$

或

$$s_1 = \frac{s_p}{[l + (n-1)m]} \tag{3.30}$$

式中：p_0——复合土层顶(群桩顶)面的附加压力(kPa)；

p_{0z}——复合土层底(群桩底)面的附加压力(kPa)；

l——实际桩长；

E_{ps}——复合土层的压缩模量(kPa)；

E_p——搅拌桩的复合模量(kPa)，可取 $100～120 f_{cu,k}$；

E_s——桩间土的压缩模量(kPa)；

s_p——加固区内加固前的计算沉降量(m)；

n——桩土应力比，无试验时可取 2～5，桩底土好，桩间土差时取高值，否则取低值。

②桩端下未加固土层的压缩变形计算：

按常规分层总和法计算。

六、设计出图

1. 平面图

以道路平面图为基础，标示出搅拌桩加固范围，包括起止里程、桩平面布置大样等(见图 3.16)。

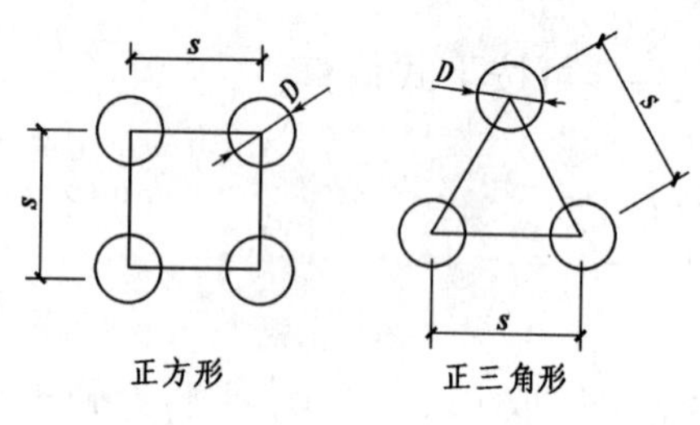

图 3.16　搅拌桩平面布置大样图

2. 纵断面图

以道路纵断面为基础，分段标示出桩底标高、桩顶标高、场地平整标高(应比设计桩顶高 0.3～0.5m)等内容。

3. 横断面图

以道路横断面为基础，绘制典型搅拌桩布置横断面图(见图 3.17)。

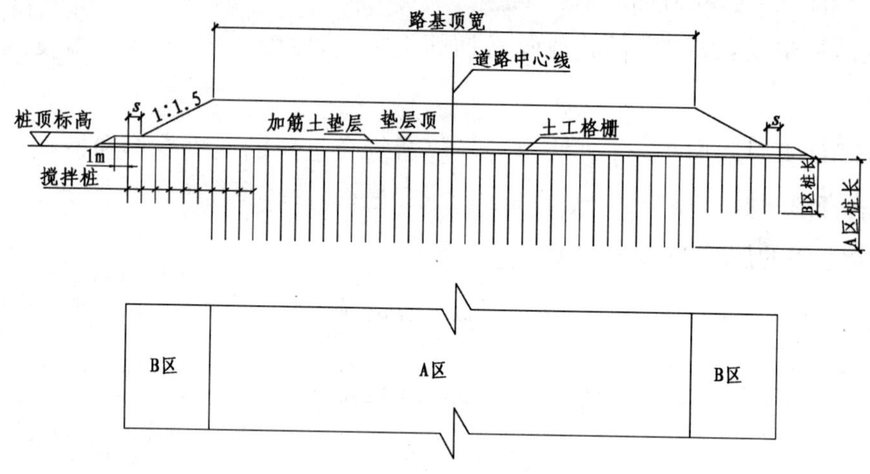

图 3.17　搅拌桩布置典型横断面图及平面分区图

4. 大样图

桩顶加筋土垫层等。

5. 施工注意事项

(1)施工桩顶应高出设计桩顶 0.3～0.5m，施工桩顶垫层时将高出部分挖除；

(2)搅拌桩全面施工前，应进行工艺桩试验，以确定各项施工工艺参数，如工作压力、电力强度、钻进和提升速度等；

(3)当浆液达到出浆口后，应喷浆座底，即原位喷浆搅拌 30s。

七、质量检验

(1)施工过程中检查的重点：水泥用量、桩长、搅拌头转数和提升速度、复搅次数等。

(2)成桩 7d 内，用轻便触探仪取样观察，同时进行触探试验，检测频率为 10%。触探击数(N_{10})与水泥土强度关系见表 3.5。

触探击数与水泥强度关系　　表 3.5

N_{10}(击数)	15	20～25	30～35
q_u(kPa)	200	300	400

(3)钻芯取样(28d 后)，进行室内试验。

(4)进行单桩或复合地基荷载试验(28d 后)。

第五节　水泥土高压旋喷桩法

一、工艺特点

将带有特殊喷嘴的注浆管插入设计土层深度，然后将水泥浆以高压流的形式从喷嘴内射出，用以切割土体并使水泥浆与土搅拌混合，经过从下向上不断喷射注浆，最终形成具有较高强度的水泥土圆柱体，从而使地基土得到加固。因此，高压旋喷桩和搅拌桩都是水泥土桩，只是成桩方法和工艺不同，搅拌桩有单头、双头之分，而旋喷桩则有单管(喷浆)、二管(喷浆和气)、三管(喷浆、水、气)以及多重管等不同类型(见图 3.18)。此外，旋喷桩尚可定喷、摆喷以形成止水帷幕。

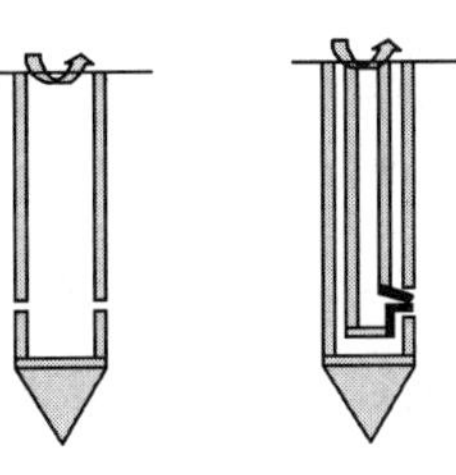

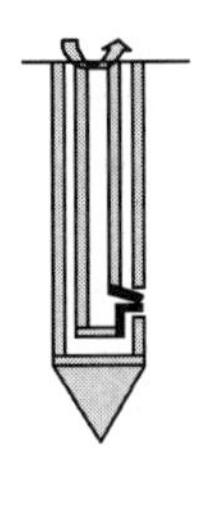

图 3.18　旋喷桩实作示意图

二、原理与作用

对于地基加固而言，旋喷桩、搅拌桩都是形成复合地基，其原理与作用大致相同，在此不再赘述。

三、适用范围

当欲加固的地基土无法使用搅拌桩时，如地基土不具有搅拌性、加固深度超过 15m、加固场地上方有障碍物时，可考虑采用高压旋喷桩。高压旋喷桩机高度较小、钻孔小(7～9cm)、加固深度可达 30m，可广泛应用于淤泥、淤泥质土、粉土、人工填土、碎石土地基的加固。

四、设计

(1)对于软基加固而言，常用单管旋喷，旋喷桩直径 D 一般取 600mm；

(2)旋喷桩的平面布置形式可采用方形或正三角形，桩间距 2.5d 左右，桩长一般应穿透软土层；

(3)旋喷注浆压力宜大于 20MPa，水灰比常取 1.0，外加剂的掺入量应通过试验确定，每米桩长水泥用量约 250kg(东莞市港口大道试验数据)；

(4)桩顶褥垫层：级配中粗砂或碎石加筋土垫层，厚度 0.3～0.5m，宽度应超出最外排桩 1m；

(5)表 3.6 为高压旋喷桩桩体的力学指标，仅供参考。

高压旋喷桩桩体的力学指标

表 3.6

注浆管类型	单管法	二重管法	注浆管类型	单管法	二重管法
单桩垂直极限承载力(kN)	500～800	1000～1500	渗透系数(cm/s)	10^{-5}～10^{-6}	10^{-6}～10^{-7}
单桩水平极限承载力(kN)	30～40		黏聚力(MPa)	0.4～0.5	0.7～1.0
原地层土质	砂土	黏性土	内摩擦角(°)	30～40	20～30
最大抗压强度(MPa)	10～20	3～8	标贯击数	30～50	20～30
弹性模量(MPa)	7000～10000	3000～5000	水平向地基反力系数(MPa)	2～3	0.5～1.0

注：本表选自《交通土建软土地基工程手册》(河海大学. 北京：人民交通出版社，2001)。

五、计算

由前述高压旋喷桩加固地基的原理和作用可知，旋喷桩和搅拌桩都是半刚性桩并形成复合地基，因此其计算方法、计算内容也大同小异。

1. 单桩承载力

单桩竖向承载力标准值 R_k^d 可按下列两式计算，取其小值。

$$R_k^d = \eta f_{cu,k} A_p \quad (\text{按水泥土强度}) \tag{3.31}$$

或

$$R_k^d = U_p \sum q_{si} l_i + A_p q_p \quad (\text{按桩侧摩阻力}) \tag{3.32}$$

式中：η——桩身强度折减系数，可取 0.35～0.5；

$f_{cu,k}$——水泥土试块 28d 无侧限抗压强度(kPa)，在黏性土中可取 1～5MPa；

U_p——桩周长(m)；

q_{si}——桩周第 i 层土摩阻力标准值(kPa)，可采用钻孔灌注桩数据；

l_i——桩周第 i 层土的厚度；

q_p——桩端土承载力标准值(kPa)；

A_p——单根桩截面积。

2. 复合地基承载力

复合地基承载力的标准值 $f_{sp,k}$ 可按下式估算：

$$f_{sp,k}=\frac{R_k^d}{A_e}+\beta(A_e-A_p)f_{s,k}\frac{1}{A_e} \tag{3.33}$$

式中：A_e——单根桩承担的加固面积(m^2)；

β——桩间土承载力折减系数，可取0.2～0.6；

$f_{s,k}$——桩间土承载力标准值(kPa)。

六、设计出图

1. 出图内容

可参照前述搅拌桩设计出图。

2. 施工注意事项

(1)旋喷桩的施工参数(浆液配比、旋喷压力、提升速度等)，一般应通过桩工艺试验确定。

(2)废弃泥浆应妥善处理，做好环境保护。

七、质量检验

与前述搅拌桩法相同。

第六节　桩承加筋土垫层法—刚性桩复合地基

近年来，刚性桩复合地基以其加固深度大、效果显著、施工质量易于保证等优点得到较大的发展，但刚性桩复合地基的结构组成随构筑物基础形式的不同而有所区别。就软弱地基上的路堤而言，国内外工程实践表明，桩承加筋土垫层结构是比较合适的选择。然而，对于桩承加筋土垫层复合地基的计算内容、加筋垫层的设置、影响其承载力的因素以及最终沉降量的计算等，目前国内外均无较成熟的认识。本节从工程实用角度出发，对桩承加筋土垫层复合地基的计算内容和方法做了一些初步探讨。

一、构造与工艺

桩承加筋土垫层法适用于路堤的深厚软弱地基处理，它由刚性桩、桩帽板、加筋土垫层和路堤填土构成(见图3.19)。刚性桩，可以预制，也可就地成孔灌注。帽板同样可预制，也可就地挖坑现浇。加筋土垫层由单层或多层土工格栅与粗粒

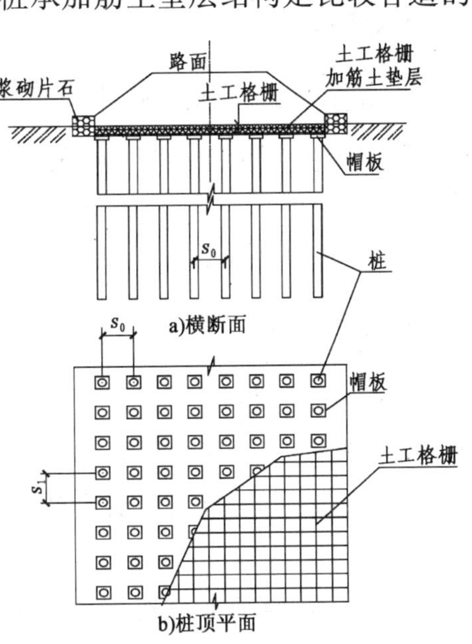

图3.19　桩承加筋土垫层构造图

土或石粉渣交替铺设而成。

二、原理与作用

桩承加筋土垫层结构属复合地基体系，即垫层下的桩、土通过垫层共同承担路堤荷载。

(1)刚性桩：既是荷载的承担者，又是地基土改善的促进者。若是打入桩，当桩沉入土中时，桩周的非饱和土得到挤密，桩周挤压力迫使塑性变形区的土粒产生侧向位移，使土的孔隙率减小，密度增大，从而改善土的物理力学性质。若是灌注桩，则桩对含水量很高的黏性土或淤泥质土有置换作用，坚固的桩体取代了与之体积相等的软弱土，桩的强度和抗变形能力大大高于桩间软弱土。因此，由刚性桩构成的复合地基的承载力和抗变形能力显然会高于原来天然地基土的承载力和抗变形能力。

(2)帽板：在刚性桩复合地基中，相对土而言，桩的承载力很高，桩要承担路堤荷载的70%～80%。然而，桩的截面积一般都不大，桩距也比较稀疏，因此调动桩承载力发挥的有效而经济的办法就是在桩顶设帽板。帽板可调整桩的承载能力，使由摩阻力和端阻力确定的承载力与由桩身强度确定的承载力两者比较接近，以取得较好的经济效益。

(3)加筋土垫层：对于柔性基础—填土路堤下的刚性桩复合地基，除在桩顶设帽板以外，还应在帽板顶铺设刚度较大的垫层。该垫层不仅可以增加桩土应力比，充分调动桩体的承载潜能，而且还可减少地基沉降，防止桩体向上刺入土体。因此土工格栅加筋土垫层应该是最合适的选择。

三、适用范围

桩承加筋土垫层结构属刚性桩复合地基，适用于各类深厚软弱地基的处理。其加固深度可达30m(这是搅拌桩无法相比的)，造价大大低于高压旋喷桩，单桩承载力远高于柔性桩，成桩方法选择面广，可预制沉桩、可沉管灌注、可钻孔(或套管跟进)灌注。因此，桩承加筋土垫层复合地基具有较大的发展前途。

四、设计

(1)桩型选择：根据已有的工程实例，可供选择的桩型有预应力管桩、钻孔灌注桩、沉管素混凝土桩、塑料套管混凝土桩、树根桩等，桩径200～400mm。

(2)桩长：穿透软弱土层到达相对较好土层0.5m左右，以充分形成桩、土共同承担荷载的复合地基。

(3)桩距：原则上应根据所要求的复合地基承载力而定，一般为6～8倍的桩径。桩的平面布置采用正方形。

(4)帽板：帽板尺寸可通过计算确定，一般边长为 0.6～0.9m，厚度不应小于 250mm。采用钢筋混凝土预制或现浇，板顶周边线应倒成圆角，以改善土工格栅受力。此外，帽板与桩应有可靠连接(参见图 2.70)。

(5)桩顶垫层：在路堤填土荷载下，桩承加筋土垫层结构中的垫层不同于刚性基础下复合地基的褥垫层。对路堤荷载而言，它是不可缺的，而且还应有较大的刚度，不仅能抵抗桩的刺入，而且还有能在桩间形成"拱膜"效应的能力，因此垫层要有足够的厚度，一般不小于 400mm。垫层材料采用碎卵石土或水泥稳定石粉渣，其压实度不小于 93%。垫层中的加筋材料——土工格栅应不少于 2 层，加筋层数应随垫层厚度而变，加筋层距为 300～500mm。土工格栅的抗拉力不小于 80kN/m，单位质量不小于 900g/m^2(参见图 3.1)。

五、计算

桩承加筋土垫层复合地基必须满足以下几个条件：

(1)复合地基承载力满足设计要求；

(2)单桩承载力必须大于帽板上的荷重；

(3)加筋土垫层底面的应力必须小于桩间土的承载力；

(4)此外，尚要考虑帽板的抗冲切能力和复合地基的沉降变形。

1.加筋土垫层底面应力计算

"桥跨"于桩间的加筋土垫层在上部路堤荷载的作用下，会像图 3.20 那样产生弯沉。若对垫层中的拉筋的伸长率加以控制，则垫层会将部分荷载传给桩，以减少桩间土的受力。根据吉罗德(Giroud)、波勒帕特(Bonaparte)有关加筋土地基的拱-膜理论，"桥跨"于地基裂隙上的土工合成材料，在外荷及覆盖土层自重作用下也会产生弯沉。弯沉的结果是，土中出现拱效应，部分荷载被传到弯沉区以外；同时，合成材料被拉紧，起张拉膜作用，从而能承受法向荷载。当弯沉到一定程度，合成材料刚好与坑底接触时，荷载便由合成材料和坑底土共同承担(见图 3.20)，由静力平衡条件可得作用于坑底土的法向力，即垫层底面的应力为：

$$q_s = q_A - \sigma \qquad (3.34)$$

式中：q_A——坑底土拱反力；

σ——合成材料上的法向力。

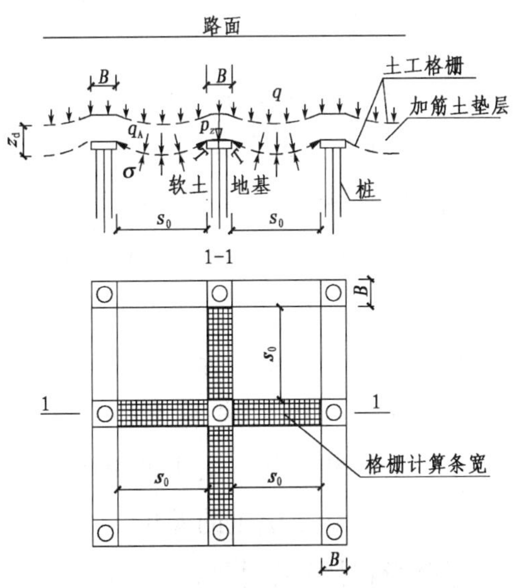

图 3.20　桩承加筋土垫层复合地基受力计算简图

根据太沙基(Terzaghi)的土拱方程式，对于加筋土垫层而言，土拱反力可写作：

$$q_A = 2\gamma s_0 (1 - e^{-0.5z/s_0}) + q e^{-0.5z/s_0} \tag{3.35}$$

式中：γ——土重度；

s_0——拱跨，即帽板间净距；

z——加筋土垫层厚；

q——垫层上的均布荷载。

根据土工合成材料的张拉膜理论，合成材料上的法向力可写作：

$$\sigma = \xi n T \varepsilon^{0.5} / (0.122 s_0) \tag{3.36}$$

式中：T——土工合成材料所受拉力；

n——拉筋层数；

ξ——系数，1 层筋取 1，2 层筋取 0.85，3 层及以上取 0.7；

ε——土工合成材料的延伸率；

s_0——土工合成材料受拉长度(帽板间净距)。

显然，加筋土垫层底面的应力 q_s 应小于桩间地基土的承载力 f_{sk}，即：

$$q_s \leqslant f_{sk}$$

如不满足上式要求，可适当增加拉筋层数。

2. 单桩承载力的验算

由于土工合成材料“桥跨”于桩之间，因此合成材料上的法向力 σ 会通过张拉膜作用传给桩，为简便计算，纵横两个方向传给桩的竖向力可简略为：

$$P_{z1} = 2\sigma B s_0 \tag{3.37}$$

此外，桩尚需承担帽板顶以上的土柱重 P_{z2}，即：

$$P_{z2} = q + \gamma z_d \tag{3.38}$$

式中：z_d——加筋垫层厚度。

则桩顶总荷载重为　　　　$P_z = P_{z1} + P_{z2}$

显然，应满足 $P_z \leqslant R_a$，R_a 为单桩承载力。

桩承加筋土复合地基中的单桩承载力往往由土的阻力控制，可按下式计算：

$$R_a = u_p \sum q_i l_i + q_p A_p \tag{3.39}$$

式中：R_a——单桩竖向承载力(kN)；

u_p、A_p——桩周长、桩截面积；

q_i、q_p——桩周第 i 层土的侧阻力、端阻力；

l_i——第 i 层土的厚度；

其他符号意义同前。

如不满足要求，应适当减小帽板面积，或加大桩长。

3. 复合地基承载力 f_{spk} 计算

$$f_{spk}=m_z\frac{R_a}{A_p}+\beta(1-m_z)f_{sk} \tag{3.40}$$

$$m_z=\frac{A_p}{s\cdot s} \tag{3.41}$$

式中：f_{spk}——刚性桩复合地基承载力特征值(kPa)；

m_z——复合地基面积置换率；

s——桩间距；

A_p——帽板面积，计算表明，采用 A_p 比采用桩截面面积偏于安全；

β——桩间土承载力折减系数，可取 0～0.60，若垫层刚度较小、桩间土承载力较高时取大值；

f_{sk}——处理后桩间土承载力特征值(kPa)，按当地经验取值，如无经验时，可取天然地基承载力特征值。

显然，复合地基承载力 f_{spk} 必须大于$(q+\gamma z_d)$，如不满足上述要求，可加大桩径或桩长。

4. 影响复合地基承载力和垫层底面应力的因素

1)影响复合地基承载力的因素

由图 3.21 中的曲线可知，桩径与复合地基承载力成正比，当桩径为 0.3m 时，复合地基承载力为 124.13kPa，0.8m 时为 304.26kPa，地基承载力提高 1.5 倍。而桩距与复合地基承载力成反比，桩距为 1.8m 时，复合地基承载力为 197.35kPa，2.4m 时为 124.13kPa。也就是说，桩距增大 0.6m，地基承载力降低 37%。在实际工程中，可根据土层条件，作多种组合比较，以求得桩径、桩距和承载力的最佳效果。帽板的长宽变化，对地基承载力没有影响。

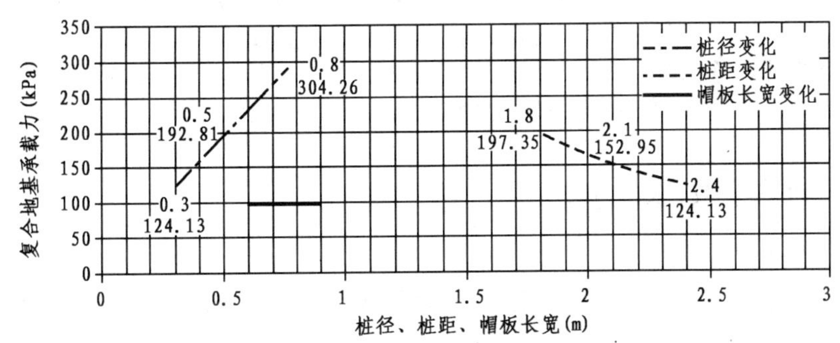

图 3.21 影响复合地基承载力的因素曲线图

注：1. 图中桩径变化曲线参数：桩距 2.4m，2 层格栅。

2. 图中桩距变化曲线参数：桩径 0.3m，2 层格栅。

2)影响垫层底面应力的因素

由图 3.22 中的曲线可知,影响加筋土垫层底面应力的主要因素是土工格栅的层数。当只有 1 层土工格栅时,垫层底部的应力为 102.75kPa,如将土工格栅的层数增加到 3 层时,垫层底部的应力可减少一半,为 51.94kPa。

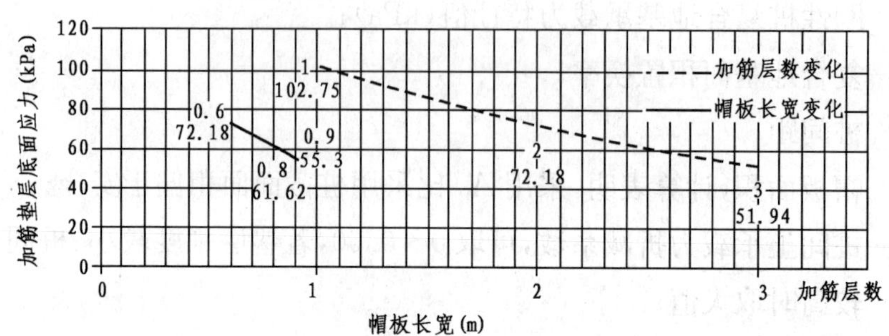

图 3.22　影响垫层底应力的因素曲线图

注:1.图中加筋层数变化曲线参数:桩距 2.4m,2 层格栅,帽板长宽 0.6m。

2.图中帽板长宽变化曲线参数:桩距 2.4m,桩径 0.3m,2 层格栅。

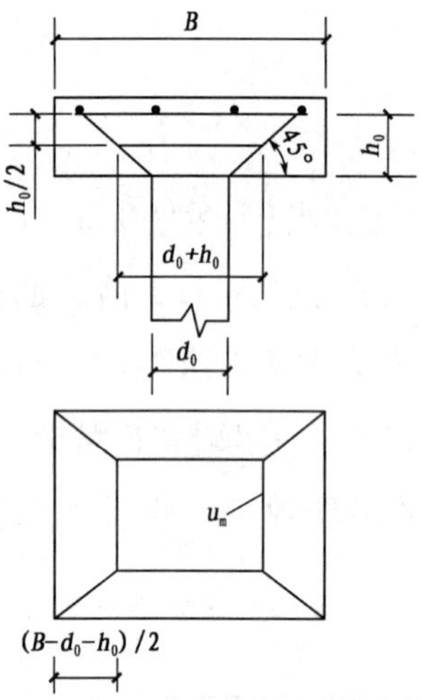

5.帽板的抗冲切承载力 P 验算(见图 3.23)

$$p \leqslant f_t u_m h_0 \tag{3.42}$$

式中:f_t——混凝土抗拉强度;

u_m——帽板临界截面周长,按 45°扩散至 1/2 h_0 处的截面周长;

h_0——帽板的有效高度。

图 3.23　帽板抗冲切计算简图

6.沉降计算

软土地基的总沉降量,一般由主固结沉降、瞬时沉降(侧向变形)和次固结沉降组成。为简便计,可只计算主固结沉降,然后,乘以一经验系数(沉降系数)即可。

总沉降　$$s_z = \Psi_s s_c \tag{3.43}$$

主固结沉降　$$s_c = \sum_{i=1}^{n} \frac{\Delta p_i}{E_{spi}} h_i \tag{3.44}$$

式中:Ψ_s——沉降系数,取值 1.1~1.7;

n——加固区分层数;

E_{spi}——第 i 层土的复合压缩模量(MPa),按式 $E_{spi} = m_z E_p + (1-m) E_s$ 计算;

E_p——桩体压缩模量,E_s=桩间土的压缩模量;

h_i——第 i 层土的分层厚度(m);

Δp_i——附加荷载($q+\gamma H$)在路基中点下,第 i 层土产生的平均附加应力(kPa)。

$$\Delta p_i = \frac{1}{2}(p_i + p_{i+1}) \tag{3.45}$$

路基中点下的竖向附加应力 p_i 可按图 3.24 近似求取：

$$p_i = \alpha_u(q + \gamma H) \tag{3.46}$$

式中：α_u——附加应力系数，按$\frac{x}{b}=0$ 及$\frac{z}{b}$查表 3.7。

均布条形荷载下竖应力系数 α　　表 3.7

z/b \ x/b	0
0	1.0
0.1	0.997
0.2	0.978
0.3	0.9295
0.4	0.881
0.5	0.8185
0.6	0.756
0.7	0.699
0.8	0.642
0.9	0.5955
1.0	0.549
1.1	0.5135
1.2	0.478
1.3	0.449
1.4	0.420
2.0	0.306

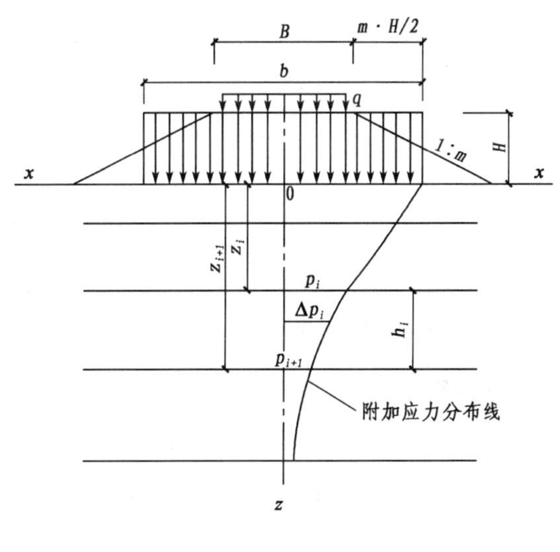

图 3.24　路堤荷载下地基土中应力分布曲线图

值得指出的是，在计算复合压缩模量 E_{spi} 时，桩体压缩模量 E_p 采用混凝土的变形模量概念，具体做法是：$E_c = \frac{\sigma_c}{\varepsilon}$，$\sigma_c = 0.3 f_c$，$f_c$ 取混凝土抗压强度标准值，ε 取 0.006。

六、计算实例

某桩承加筋土垫层法加固软土地基的计算图式如图 3.25 所示，采用 D300 预制管桩，桩距 1.8m，正方形布置，核心桩长 14m，周边桩长 10.5m。碎石加筋土垫层厚 0.5m，内铺土工格栅 2 层，要求单层格栅发挥的拉力 T=32kN，相应的延伸率 ε=0.03。桩顶帽板尺寸为 900mm×900mm×300mm，路面均布荷载 q=30kPa，路堤填土重度 γ=19kN/m³，其他资料见图 3.25。

1. 桩间土承载力验算

垫层底土拱反力　$q_A = 2\gamma s_0(1-e^{-0.5H/s_0}) + q e^{-0.5H/s_0} = 102.98\text{kPa}$

拉筋能承担的法向力　$\sigma = \xi n T \varepsilon^{0.5}/(0.122 s_0) = 85.81\text{kPa}$

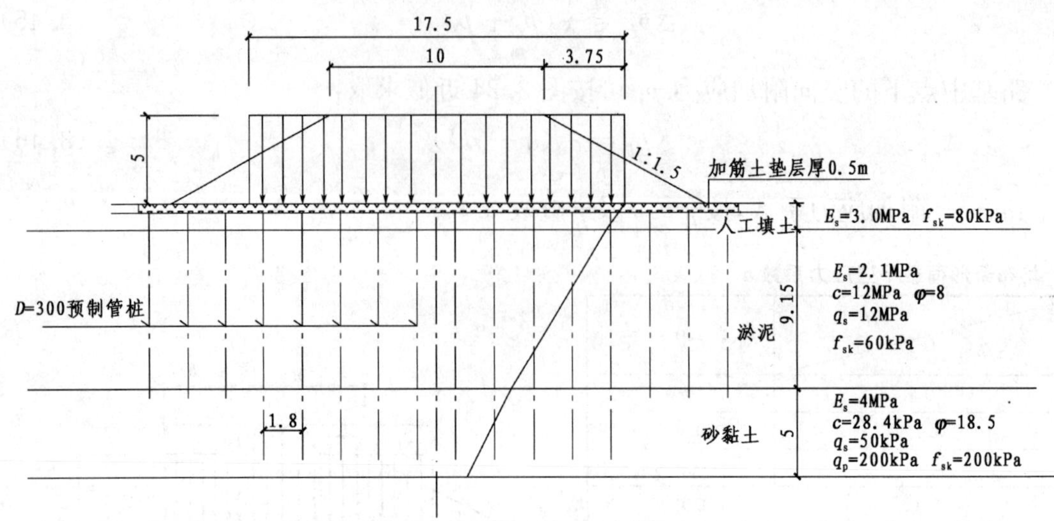

图 3.25 刚性桩复合地基计算横断面图(示例)

垫层底应力 $q_s = q_A - \sigma = 17.18\text{kPa} \leqslant f_{sk} = 80\text{kPa}$ （满足）

2. 单桩承载力验算

(1)单桩承载力

$$R_a = \pi \times 0.3 \times (10 \times 12 + 5 \times 50) + \pi \times 0.3^2/4 \times 1000 = 419.4\text{kN}$$

(2)帽板上的荷重

$$P_{z1} = 2\sigma B s_0 = 139.02\text{kN}$$

$$P_{z2} = q + \gamma z_d = 108.95\text{kN}$$

$$P_z = 247.97\text{kN} < 419.4\text{kN} \quad （满足）$$

3. 复合地基承载力验算

置换率 $m_z = 0.9^2/(1.8 \times 1.8) = 0.25$

$$f_{spk} = m_z \frac{R_a}{A_p} + \beta(1 - m_z) f_{sk} = 0.25 \times 419.4/0.81 + 0.3 \times (1 - 0.25) \times 80$$

$$= 147.45\text{kPa} > 125\text{kPa} + 19\text{kN/m}^3 \times 0.5\text{m} = 134.5\text{kPa}$$

4. 沉降计算

(1)计算路基中点下的竖向附加应力 p_i(见表 3.8)

路基中点下的竖向附加应力 p_i 计算 表 3.8

层深 z(m)	路堤顶宽 B(m)	路堤高 H(m)	路堤坡率	路堤荷载计算宽 b	z/b	α_u	$q+\gamma H$	p_i(kPa)
0	10	5	1.5	17.5	0	1	125	125
1.5	10	5	1.5	17.5	0.0857	0.999	125	124.9
10.5	10	5	1.5	17.5	0.6	0.756	125	94.5
15.5	10	5	1.5	17.5	0.8857	0.597	125	74.63

(2)计算主固结沉降量 s_c(见表 3.9)

主固结沉降量 s_c 计算 表 3.9

Δp_i	土模量 E_s(kPa)	f_c (MPa)	桩应力 σ(kPa)	桩应变 ε	桩模量 E_p(kPa)	复合模量 E_{sp}	H_i (m)	s_i (m)
124.938	3000	13.5	4050	0.006	675000	17660.8	1.5	0.011
109.688	2100	13.5	4050	0.006	675000	16780.4	9	0.059
84.5625	4000	13.5	4050	0.006	675000	18638.9	5	0.023
主固结 s_c								0.092

(3)总沉降量

$$s_z=\Psi_s s_c=1.2\times0.0.092=0.11\text{m}$$

利用电子表格,上述沉降量计算很容易获得。

七、设计出图

1. 平面图

以道路平面图为基础,绘制地基处理范围(界点坐标)、桩布置大样(桩间距等)、道路里程以及必要的说明(桩类型、规格、预估桩总量)。

2. 纵断面图

以道路纵断面为基础,绘制场地平整高程线(即桩顶高程线)、垫层顶面线、桩底高程线、道路设计高程线等。

3. 典型横断面图

以道路横断面图为基础,绘制桩的横向布置、垫层厚度、桩帽板、路基断面等。

4. 大样图

包括桩帽板配筋图、桩与帽板的连接图、垫层内土工格栅的布置(包括搭接部位)以及土工格栅和垫层材料的规格等。

八、质量检验

(1)施工质量检验主要应检查施工记录、桩数、桩位偏差、垫层厚度、土工材料铺设质量和桩帽施工质量等。

(2)复合地基竣工验收时,荷载试验数量宜为总桩数的 0.5%～1%,且单体工程的试验数量不应少于 3 点。除采用复合地基载荷试验外,还应根据所采用的桩体种类来确定其他检验项目。

(3)抽取一定比例的桩数,对成桩质量和桩体完整性进行检测,预制桩应提供出厂质量报告。

(4)土工合成材料质量应符合设计要求,外观无破损、无老化、无污染、无褶皱,搭接宽度和回折长度符合设计要求,抽检比例不少于 2%。

(5)桩帽施工质量检验项目主要有轴线偏位、平面尺寸、厚度、混凝土强度等,抽检比例不少于 2%。

第四章　现行岩土工程设计方法及其参数辨析

我国的结构设计方法经历了由容许应力法、单一安全系数法到极限状态法的演变过程。岩土工程与结构工程同属土木工程的两个分支，二者密不可分，大部分岩土工程设计问题就是工程结构设计问题，如桩基础、抗滑桩、锚杆挡土墙、深基坑支护、高边坡加固等，无一不是与岩土体有关的结构问题，因此，岩土工程设计也应遵循工程结构设计方法。但岩土工程由于自身的固有特点及复杂性，如材料性能的不确定性、多变性，岩土体的复杂性，计算模式的不确切性，设计信息的有限性等，其设计方法又难以与结构设计方法同步发展，尚无法像工程结构设计那样，普遍采用真正的极限状态设计法。所以，目前岩土工程设计方法仍然是传统的容许应力法、单一安全系数法以及近几年出现的建立在定值法基础上的极限状态法——准极限状态法同时并用。

第一节　现行岩土工程设计方法

一、容许应力法

1. 表达式

$$\sigma \leqslant \frac{f}{k} = [\sigma] \text{ 或 } k\sigma = f \tag{4.1}$$

式中：σ——以线弹性理论或静力平衡条件求得的构件在荷载作用下某一截面的最大应力；

$[\sigma]$——结构的容许应力；

f——材料强度；

k——安全系数，$k>1$。

表达式的物理概念：降低材料强度，以减小荷载；或加大受力，以增加构件截面尺寸，而安全度隐含在其中。

2. 特点

(1)不将结构(或岩土)置于极限状态下进行力学分析，直接与材料(或岩土体)的容许承载力作比较，与可靠度无关。

(2)简便，有一定实用价值，但不严密，取值凭经验。

3. 规范应用

1)《公路桥涵地基与基础设计规范》(JTG D63—2007)

(1)浅基础地基承载力

①基本容许值$[f_{a0}]$

p-s 曲线上，比例界限范围内所对应的荷载值，与可靠度无关。地基土处于线弹性变形阶段(见图 4.1)。

②深宽修正容许值$[f_a]$

$$[f_a] = [f_{a0}] + k_1\gamma_1(b-2) + k_2\gamma_2(h-3)] \tag{4.2}$$

③地基验算(见图 4.2)

$$p_{max} = \frac{N}{A} + \frac{M}{W} \leqslant \gamma_R[f_a] \tag{4.3}$$

式中：N——基底面最不利竖向荷载效应组合；

M——基底面最不利荷载效应产生的弯矩组合；

γ_R——抗力系数，取值 1.0～1.5(旧桥基、施工荷载可提高)，安全度隐含在$[f_a]$之中。

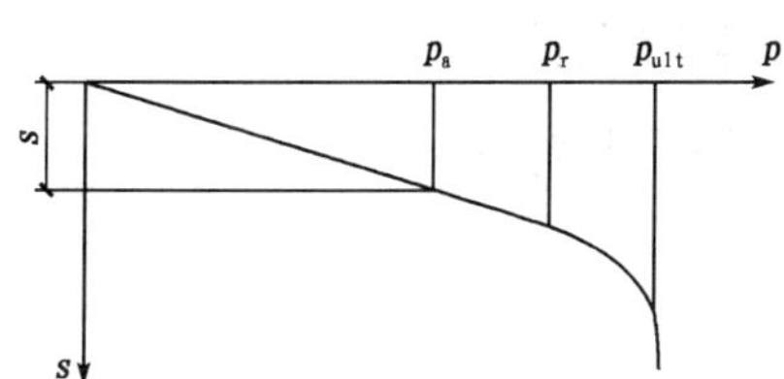

图 4.1 p-s 曲线确定地基承载力

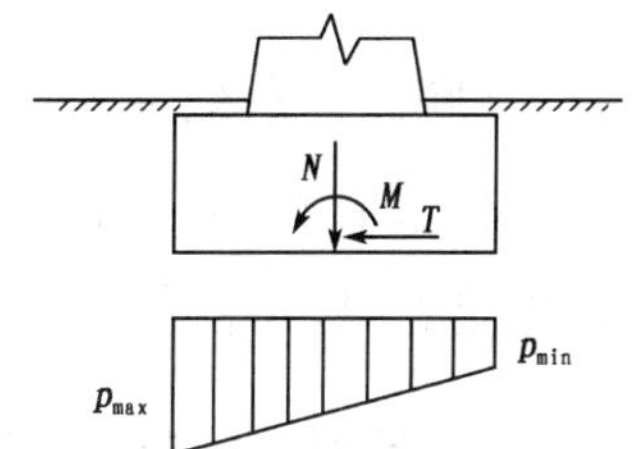

图 4.2 浅基础地基承载力验算简图

(2)非嵌岩灌注单桩轴向承载力(见图 4.3)

①容许值

$$[R_a] = \frac{1}{2}u\sum q_{ik}l_i + A_P q_r \tag{4.4}$$

式中：q_{ik}——桩侧阻标准值；

q_r——桩端土承载力深度修正容许值。

$$q_r = m_0\lambda\{[f_{a0}] + k_2\gamma_2(h-3)\} \tag{4.5}$$

②桩顶力验算(见图 4.3)

$$P_i = \frac{N}{n} + \frac{M_x y_i}{\sum y_i^2} \leqslant [R_a] \tag{4.6}$$

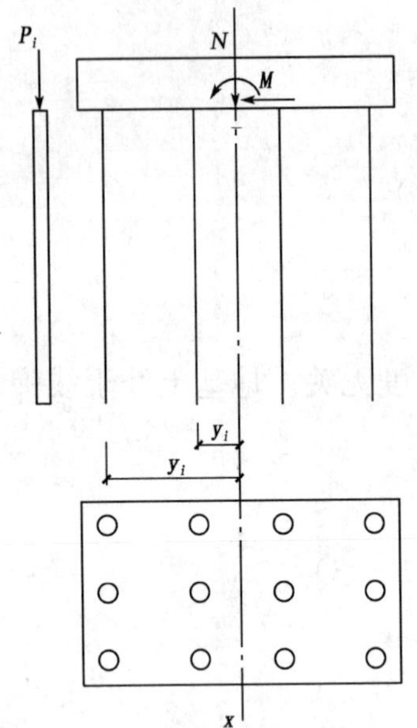

图 4.3　桩顶力(作用效应)计算简图(公路)

式中：y_i——某一根桩至承台重心轴距离；

$\sum y_i^2$——所有桩至承台重心轴距离的平方和。

2)《铁路桥涵地基和基础设计规范》(TB 10002.5—2005)

非嵌岩灌注单桩轴向承载力容许值

$$[P]=\frac{1}{2}u\sum f_i l_i+m_0 A[\sigma] \tag{4.7}$$

式中：f_i——桩周极限摩阻力；

$[\sigma]$——桩端土的深度修正容许承载力。

3)《建筑地基基础设计规范》(GB 50007—2011)

(1)地基承载力特征值 f_{ak}

p-s 曲线上，比例界限范围内所对应的荷载值，与可靠度无关，地基土处于线弹性变形阶段(见图 4.1)。

(2)深宽修正特征值 f_a

$$f_a=f_{ak}+\eta_b\gamma(b-3)+\eta_d\gamma_m(d-0.5) \tag{4.8}$$

(3)地基验算

$$p_{k,\max}=\frac{F_k+G_k}{A}+\frac{M_k}{W}\leqslant 1.2f_a \tag{4.9}$$

式中：F_k——基底面荷载效应标准组合竖向力(最不利竖向荷载)；

M_k——基底面荷载效应标准组合产生的弯矩(最不利弯矩)。

考虑偏心受力时，特征值尚可提高。

二、单一安全系数法(破损阶段法)

1. 表达式

$$KS\leqslant R \tag{4.10}$$

式中：K——安全系数；

S——使用荷载产生的构件截面内力(作用效应)；

R——构件破坏时截面的承载力(抗力)。

2. 特点

(1)增大构件的使用荷载，以构件破损状态时的受力为依据，对构件进行力学分析，并考虑材料的塑性性能，有总安全度的概念。

(2)此法将影响结构安全的所有因素，都用一个 K 表达，且为定值，仍无可靠度的概念。

3. 规范应用

1)《公路桥涵地基与基础设计规范》(JTG D63—2007)

(1)基础抗滑稳定系数(见图 4.4)

$$K_c = \frac{\mu \sum P_i + \sum H_{ip}}{\sum H_{ia}} \tag{4.11}$$

式中:P、H——竖向、水平力标准值;

μ——基底与地基土之间的摩擦系数标准值。

(2)基础抗倾覆稳定系数

$$K_0 = \frac{M_y}{M_0} = \frac{s}{e_0} \quad (\text{即 } K_0 M_0 = M_y) \tag{4.12}$$

式中:M_y、M_0——标准值产生的弯矩;

$K_0 = 1.2 \sim 1.5$。

2)《建筑桩基技术规范》(JGJ 94—2008)

(1)单桩竖向极限承载力标准值(大直径非嵌岩桩)(见图 4.5)

$$Q_{uk} = u \sum \psi_{si} q_{sik} l_i + \psi_p q_{pk} A_p \tag{4.13}$$

式中:q_{sik}、q_{pk}——分别为侧阻、端阻标准值。

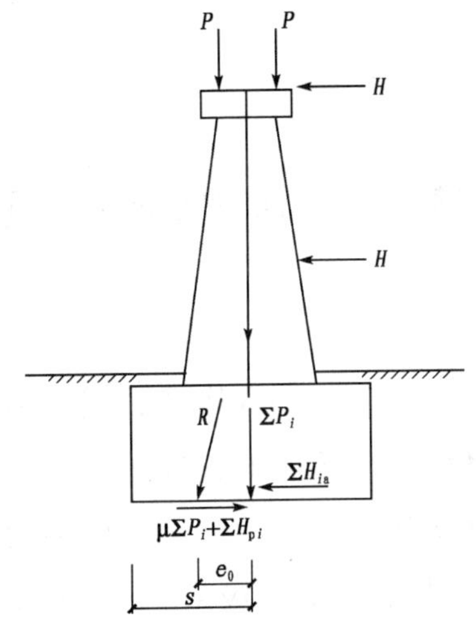

图 4.4 浅基础整体稳定验算简图

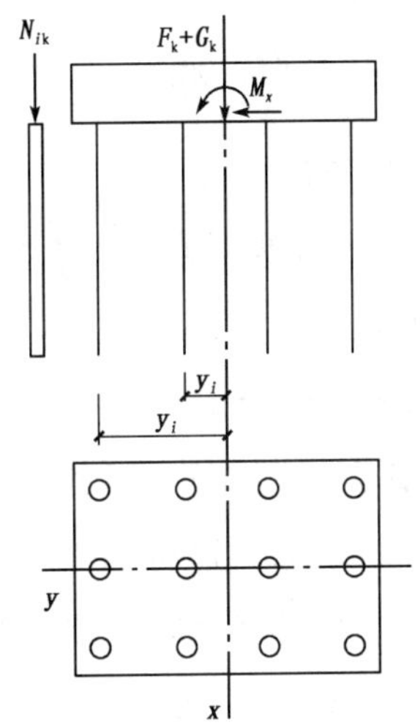

图 4.5 桩顶力计算简图(建筑)

(2)单桩竖向承载力特征值(大直径非嵌岩桩)

$$R_a = \frac{Q_{uk}}{K} \tag{4.14}$$

式中,$K = 2$。

(3)单桩竖向承载力的验算

承台轴心受压: $$N_k = \frac{F_k + G_k}{n} \leqslant R_a \tag{4.15}$$

承台偏心受压(见图 4.5)：$N_{ik}=\dfrac{F_k+G_k}{n}\pm\dfrac{M_x y_i}{\sum y_j^2}\pm\dfrac{M_y x_i}{\sum x_j^2}\leqslant 1.2R_a$ (4.16)

上两式物理意义：桩顶力小于等于竖向承载力特征值 R_a。

3)《建筑边坡工程技术规范》(GB 50330—2002)

边坡稳定性系数(见图 4.6、图 4.7)

$$K_s=\frac{\sum R_i}{\sum T_i}\quad(\text{即 } K_s\sum T_i=\sum R_i) \tag{4.17}$$

抗滑力 $R_i=N_i\tan\varphi_i+c_i l_i, N_i=G_i\cos\alpha$

下滑力 $T_i=G_i\sin\alpha$

式中，c_i、φ_i 均取标准值。

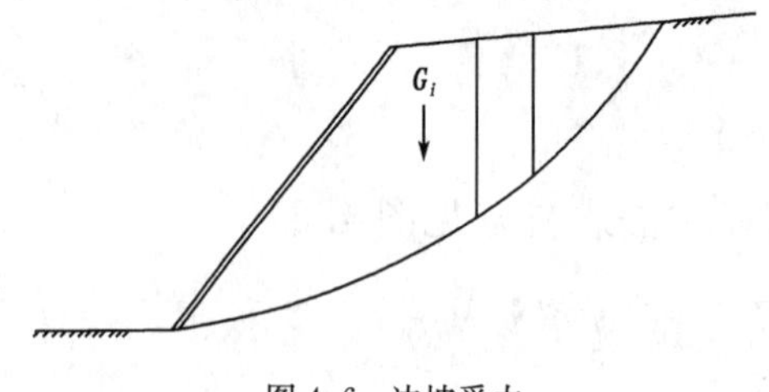

图 4.6 边坡受力

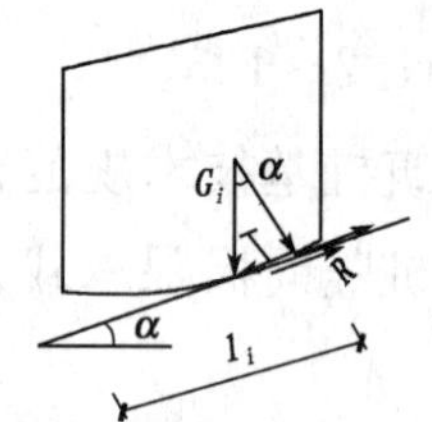

图 4.7 边坡条块受力分析

三、极限状态设计法

1. 极限状态的定义

在荷载(或其他因素)作用下，结构出现的、不能满足设计功能要求的某一特定状态(破损、变形等)。

2. 极限状态的分类

(1)承载力极限状态：结构的承载力达到材料强度的极限，导致构件破损或结构失稳而倒塌时的状态。这种状态侧重于构件的材料强度，要求很低的失效概率。

(2)正常使用极限状态：结构的承载力尚可，但结构的变形量达到影响结构的正常使用。这种状态侧重于结构的耐久性，其危害性往往小于承载力极限状态，可以允许稍高的失效概率。

3. 极限状态设计的要求

从荷载效应概率分布曲线与结构抗力概率分布曲线的关系图可知(见图 4.8)，当 $R-S>0$ 时，结构是安全的。因此，结构安全可靠的基本条件如下：

$$R-S\geqslant 0 \tag{4.18}$$

图 4.8 中阴影部分 $R-S<0$，其面积表示失效概率。也就是说，极限状态设计要求荷载产生的效应(内力、变形等)小于结构抗力。

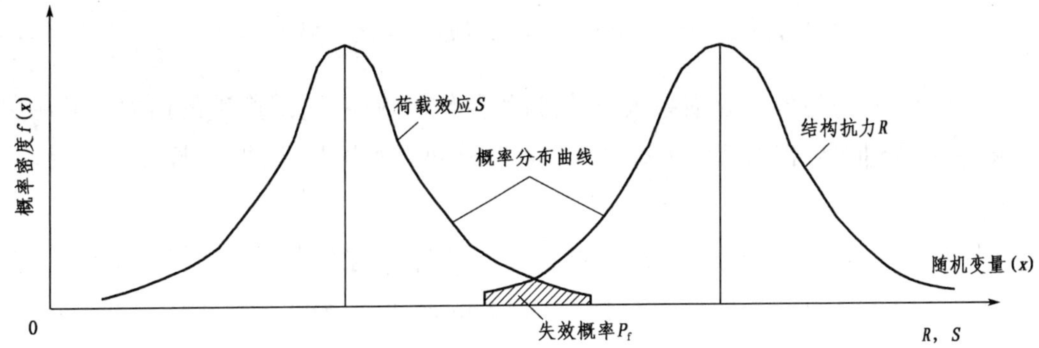

图 4.8 荷载效应与结构抗力关系图

4.结构上的作用

1)作用与作用效应

(1)作用:结构承受的各种作用,如荷载或引起结构变形的因素,分为直接作用(荷载)和间接作用(温度等)。

(2)作用分类:永久(恒载)、可变(活载)、偶然(地震作用等)。

(3)作用效应:作用对结构所产生的效应,包括轴力、弯矩、剪力、应力、变形等。

2)作用效应组合

各种单个作用对结构的共同影响,取最不利效应组合进行设计。

《公路工程结构可靠度设计统一标准》(GB/T 50283—1999)规定的作用效应组合有以下几种:

(1)基本组合:永久+可变。

(2)偶然组合:永久+可变+偶然。

(3)短期效应组合:永久+频遇可变。

(4)长期效应组合:永久+准永久可变。

在岩土工程设计中,常用(1)、(3)项。

5.极限状态设计表达式

《公路工程结构可靠度设计统一标准》(GB/T 50283—1999)规定如下。

1)按承载能力极限状态设计时

采用作用效应基本组合(永久+可变)。

(1)当作用效应采用标准值时,表达式为:

$$\gamma_0\gamma_s\left(\sum_{i=1}^{m}\gamma_{G_i}S_{G_{ik}}+\gamma_{Q_1}S_{Q_{1k}}+\Psi_c\sum_{j=2}^{n}\gamma_{Q_j}S_{Q_{jk}}\right)\leqslant\frac{1}{\gamma_R}R(\gamma_f,f_k,a_k) \tag{4.19}$$

(2)当作用效应采用设计值时,表达式为:

$$\gamma_0\gamma_s(\sum_{i=1}^{m}S_{G_{id}}+S_{Q_{1d}}+\Psi_c\sum_{j=2}^{n}S_{Q_{jd}})\leqslant\frac{1}{\gamma_R}R(f_d,a_d) \tag{4.20}$$

式中,γ、Ψ 均为各种分项系数;S 均为各种作用效应(荷载产生的内力),其中脚标带"k"表示标准值,带"d"表示设计值;f 为材料(含岩土)性能参数;a 为结构几何参数。

上述两式的物理意义为:荷载在结构中所产生的内力应小于或等于结构的抗力。或者说,效应组合设计值小于或等于结构抗力的设计值,表达式可写作:

$$\gamma_0 S_{ud}\leqslant\frac{1}{\gamma_R}R(f_d,a_d) \tag{4.21}$$

式中:S_{ud}——效应组合设计值。

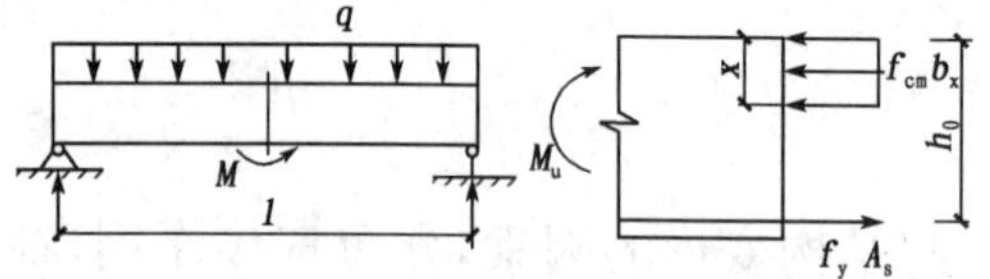

图 4.9　单筋矩形截面简支梁计算简图

举例说明:单筋矩形截面简支梁正截面承载力的验算计算简图如图 4.9 所示。

验算表达式:

$$M\leqslant M_u$$

$$M=\frac{1}{8}(q+g)l^2;M_u=f_yA_s(h_0-\frac{x}{2})$$

式中,M、q、M_u、f_y 均为设计值,分项系数(安全度)均隐含其中。

极限状态设计法还可用框图 4.10 表示。

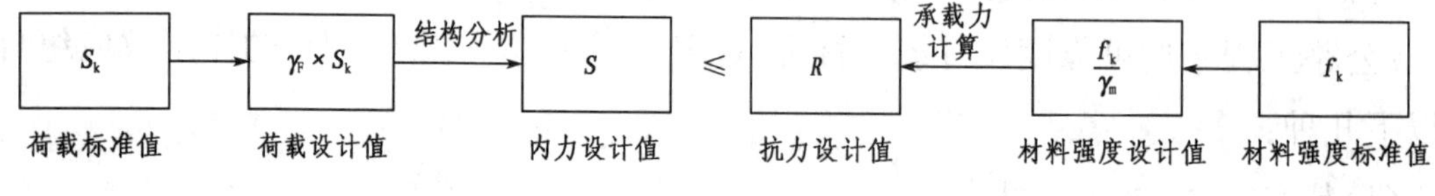

图 4.10　承载力极限状态设计方法

2)按正常使用极限状态设计时

(1)作用效应组合采用短期效应时(永久+频遇可变),短期效应组合设计值 S_{sd} 为

$$S_{sd}=\gamma_s(\sum_{i=1}^{m}S_{G_{ik}}+\sum_{i=1}^{n}\psi_{1i}S_{Q_{ik}}) \tag{4.22}$$

(2)作用效应组合采用长期效应时(永久+准永久),长期效应组合设计值 S_{ld} 为:

$$S_{ld}=\gamma_s(\sum_{i=1}^{m}S_{G_{ik}}+\sum_{i=1}^{n}\psi_{2i}S_{Q_{ik}}) \tag{4.23}$$

式中,效应组合的设计值是用标准值来表达的。也就是说,当按正常使用极限状态设计时,荷载效应取标准值(小于设计值)。

6. 极限状态设计在岩土工程设计中的运用

1)极限状态设计法

将结构或构件置于承载力或正常使用阶段的极限状态下，进行力学分析，要求荷载产生的效应小于结构的抗力，此种设计方法称为极限状态设计法。

2)运用——准极限状态设计法

(1)上述极限状态表达式中的分项系数如果通过概率统计分析确定，并与失效概率(可靠指标)联系，就是所谓概率极限状态法。

然而，岩土工程设计目前还难以采用真正的概率极限状态法。好在极限状态法中表示安全度的分项系数也可采用定值处理，这就是目前岩土工程设计中普遍采用的、建立在定值法基础上的极限状态法，即将荷载与抗力置于极限状态下分析，各分项系数根据经验确定为定值，也可称其为准极限状态法。准极限状态法可为将来过渡到可靠度分析奠定基础。

(2)准极限状态设计法

根据极限状态设计法的原则，在边坡工程中，整体稳定分析采用正常使用极限状态，锚索(杆)承载力则采用承载力极限状态进行计算，下述规范运用的所有分项系数都取定值，因此只能视为准极限状态法。此外，下述公式中，作用和抗力的取值也有所欠缺。

①《建筑边坡工程技术规范》(GB 50330—2002)中锚索(杆)的计算(见图 4.11)

a. 锚杆轴向拉力标准值

$$N_{ak} = \frac{H_{tk}}{\cos\alpha} \tag{4.24}$$

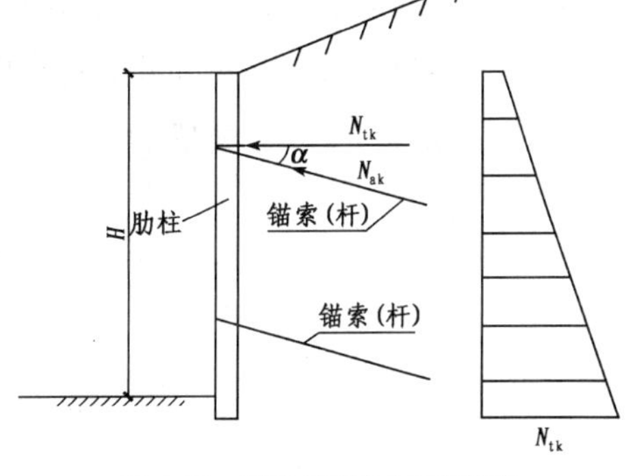

图 4.11　锚索(杆)拉力计算简图

式中：H_{tk}——锚杆所受水平拉力标准值，一般用土压力公式求得，而不是滑坡推力。

b. 锚杆轴向拉力设计值

$$N_a = \gamma_Q N_{ak} \tag{4.25}$$

式中：γ_Q——荷载分项系数，取 1.3。

c. 锚杆钢筋截面积

$$A_s = \frac{\gamma_0 N_a}{\xi_2 f_y} \tag{4.26}$$

式中：N_a——设计值；

f_y——材料抗拉强度设计值；

$\gamma_0 = 1.0 \sim 1.1$；$\xi_2 = 0.69 \sim 0.92$。

d. 锚固长度

$$L_{\mathrm{a}}=\frac{N_{\mathrm{ak}}}{\xi_1\pi Df_{\mathrm{rb}}} \tag{4.27}$$

式中：N_{ak}——标准值（编者注：标准值不妥，应取设计值，以便与分母的特征值相配）；

f_{rb}——岩土体与锚固体黏结强度特征值；

$\xi_1=1.0\sim1.33$。

②深圳经济特区技术规范《地基基础勘察设计规范》（SJG 01—2010）中锚索（杆）的计算（见图 4.12）

a. 锚杆设计锚固力

$$P_{\mathrm{d}}=\frac{EL}{[\sin(\alpha+\beta)\tan\varphi+\cos(\alpha+\beta)]n} \tag{4.28}$$

显然，式（4.28）的名称概念模糊，应改为单根锚杆杆体所受拉力设计值[推力传递系数法，详见式（1.9）]或标准值（圆弧滑动法）。

$$E=T-R$$

$$E=G_i\sin\alpha-G_i\cos\alpha\tan\varphi_i+c_il_i \tag{4.29}$$

式中：E——圆弧滑动法中对应 α 角的条块的下滑力（见图 4.13）；

L——锚杆（索）纵向间距（边坡长度方向）；

n——锚杆（索）竖向排数。

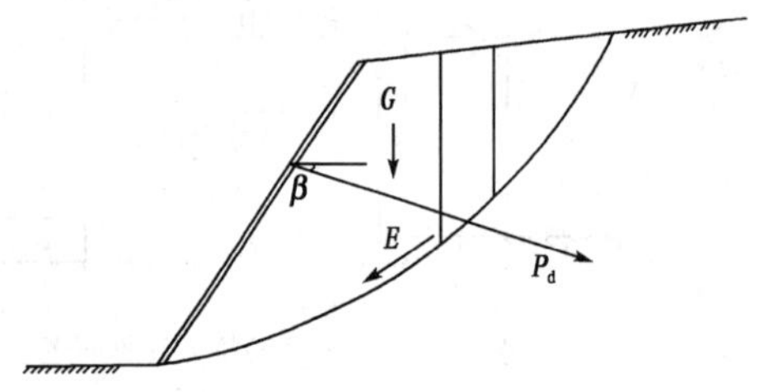

图 4.12　锚杆（索）边坡受力

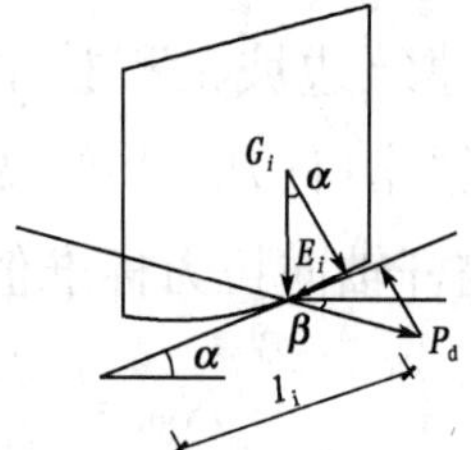

图 4.13　锚索（杆）条块受力分析

b. 锚杆钢筋截面积

$$A_{\mathrm{s}}=\frac{KP_{\mathrm{d}}}{f_{\mathrm{py}}}\quad(\text{即 } A_{\mathrm{s}}f_{\mathrm{py}}=KP_{\mathrm{d}}) \tag{4.30}$$

式中：K——安全系数，1.3～1.8；

P_{d}——标准值；

f_{py}——材料抗拉强度设计值。

c. 锚固长度

$$L_{\mathrm{r}}=\frac{KP_{\mathrm{d}}}{\xi\pi df_{\mathrm{rb}}}\quad(\text{即 } \xi L_{\mathrm{r}}\pi df_{\mathrm{rb}}=KP_{\mathrm{d}}) \tag{4.31}$$

式中：P_d——标准值；

f_{rb}——岩土体与锚固体黏结强度特征值；

$K=1.2\sim1.8$；$\xi=1.0\sim1.33$。

③《公路路基设计规范》(JTG D30—2004)中锚索(杆)的计算

a. 设计锚固力

$$P_d=\frac{E}{[\sin(\alpha+\beta)\tan\varphi+\cos(\alpha+\beta)]} \tag{4.32}$$

问题同式(4.28)，且公式内容欠妥。

b. 锚杆钢筋截面积

$$A=\frac{KP_d}{f_{ptk}} \tag{4.33}$$

式中：K——安全系数，1.6～2.2；

P_d——标准值；

f_{ptk}——材料抗拉强度标准值。

c. 锚固长度

$$L_r=\frac{KP_d}{\xi\pi d f_{rb}} \tag{4.34}$$

式中：P_d——标准值；

f_{rb}——岩土体与锚固体黏结强度特征值。

第二节　设计参数辨析

由于在岩土工程设计中，三种设计方法同时并用，再加之建筑、铁路、公路、港口、水利各个行业对岩土工程的处理各有侧重和习惯，从而导致在前述桩基计算、地基承载力计算、边坡稳定性分析和锚杆(索)的计算中，同一问题、同一参数类型各自表述，各自取值，出现标准值、设计值、特征值、容许值等不一而足，导致初学者产生误解和误用，为此，本节作以下辨析。

一、定义上的理解与辨析

1. 标准值

《工程结构可靠性设计统一标准》(GB 50153—2008)规定：标准值是作用的基本代表值，其他代表值都可在标准值的基础上乘以相应的系数后表示。

1)作用标准值

其表述有以下两种说法：

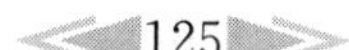

《工程结构可靠性设计统一标准》(GB 50153—2008)规定:作用标准值是指结构在设计基准期内可能出现的最大作用值。可根据对观测数据的统计、作用的自然界限或工程经验确定。

国际标准化组织(ISO)规定:作用标准值取荷载平均值+1.645 倍的标准差(见图 4.14)。

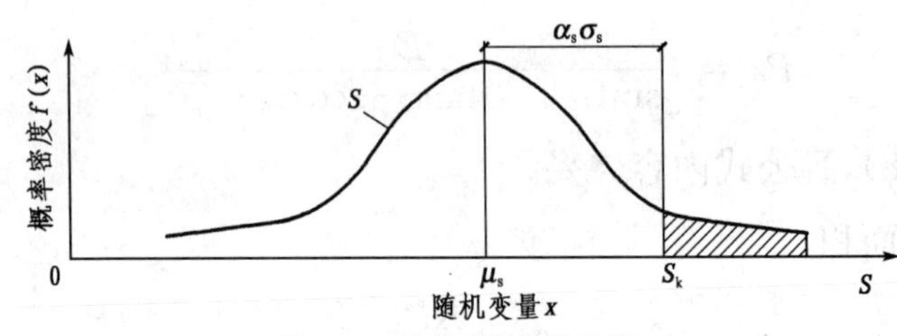

图 4.14 荷载标准值的取值

$$S_k = \mu_s + \alpha_s\sigma_s = \mu_s + 1.645\sigma_s \tag{4.35}$$

式中:S_k——荷载标准值;

μ_s——荷载平均值;

σ_s——荷载标准差。

超过标准值 S_k 的概率不会大于图中阴影部分的面积。

本书建议取观测调查所得最大荷载的统计值。

2)材料性能标准值

其表述有以下三种说法:

《工程结构可靠性设计统一标准》(GB 50153—2008)规定:符合规定质量的材料性能概率分布的某一分位值,或材料性能的名义值(非统计方法)。

国际标准化组织(ISO)规定:材料性能标准值取材料强度的平均值-1.645 倍的标准差(见图 4.15)。

$$f_k = \mu_f - \alpha_f\sigma_f = \mu_f - 1.645\sigma_f \tag{4.36}$$

小于标准值 f_k 的概率不会大于图中阴影部分的面积(一般概率为 5%)。

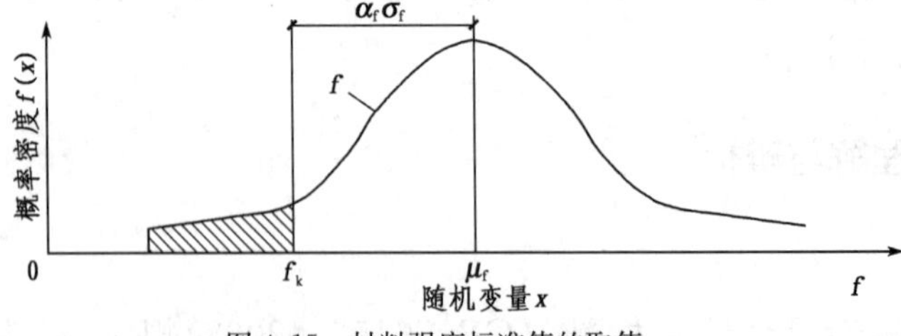

图 4.15 材料强度标准值的取值

《公路桥涵地基与基础设计规范》(JTG D63—2007)规定:土的抗剪强度指标的标准值等于实验平均值与统计修正系数的乘积。

$$\phi_k = \psi_\phi \phi_m ; c_k = \psi_c c_m \tag{4.37}$$

本书建议取材料试验数据经统计修正后的值。

由上述内容可知，标准值具有概率统计意义，只着眼于数据的精度，不含安全度的概念。标准值反映了材料的某种特性。

2.极限承载力

《建筑桩基技术规范》(JGJ 94—2008)规定：单桩在竖向荷载作用下，达到破坏状态(断裂或刺入下沉)前一级的最大荷载。

《铁路桥涵地基和基础设计规范》(TB 10002.5—2005)规定：试桩 p-s 曲线上，超过比例界限后，某一拐点所对应的荷载，或对应桩顶沉降为 $0.04D \sim 0.05D$ 时的桩顶荷载，也称为极限荷载。

3.设计值

1)作用设计值

《工程结构可靠性设计统一标准》(GB 50153—2008)规定：作用的代表值(含标准值)与作用分项系数的乘积。

$$F_{\mathrm{d}} = \gamma_{\mathrm{F}} F_{\mathrm{r}} \tag{4.38}$$

当增大荷载对结构不利时，分项系数 $\gamma_{\mathrm{F}} \geqslant 1$。

《公路桥涵设计通用规范》(JTG D60—2004)规定：作用的标准值乘以相应的分项系数。

本书认为，一般而言，将荷载的标准值扩大，就得荷载的设计值($\gamma_{\mathrm{F}} \times S_{\mathrm{k}}$)，见图 4.16。

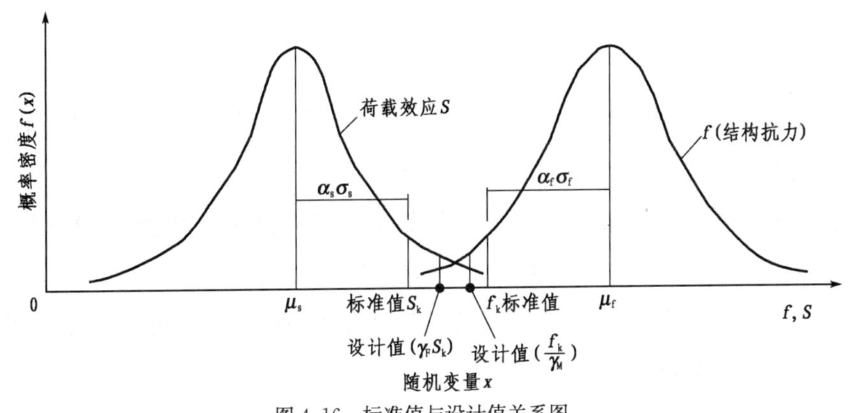

图 4.16 标准值与设计值关系图

2)材料性能设计值

《工程结构可靠性设计统一标准》(GB 50153—2008)规定：材料性能的标准值除以分项系数所得值。

$$f_{\mathrm{d}} = \frac{f_{\mathrm{k}}}{\gamma_{\mathrm{M}}} \tag{4.39}$$

一般而言，分项系数 $\gamma_{\mathrm{M}} \geqslant 1$。

本书认为，将材料性能的标准值折减，就得其设计值$\frac{f_k}{\gamma_M}$见图 4.16。

4.特征值

《建筑桩基技术规范》(JTG 94—2008)规定：单桩竖向承载力特征值为极限承载力标准值除以安全系数后所得值。

深圳经济特区技术规范《地基基础勘察设计规范》(SJG 01—2010)规定：锚杆抗拔承载力特征值等于极限抗拔力除以 2。

特征值应当理解为材料（或岩土）性能的特征值，属于抗力项。

5.容许值

《公路桥涵设计通用规范》(JTG D60—2004)规定：在 p-s 曲线上，线性变形阶段内，某一变形量所对应的压力值，或比例界限点所对应的压力值。

二、各参数的比较

(1)就材料性能指标而言，标准值、极限承载力属于同一数量级。设计值、特征值属于另一个同一数量级。容许值接近或等于设计值。一般而言，抗力项的标准值大于本身的设计值。

(2)就作用（荷载）而言，只有标准值和设计值。一般而言，标准值小于设计值。

(3)标准值具有概率统计意义，只着眼于数据的精度，不含安全度的概念。标准值反映了材料的某种特性。

三、结论

(1)目前，在岩土工程中所采用的设计方法，主要为建立在定值法基础上的极限状态法、单一安全系数法和容许应力法。

(2)岩土体既可以是荷载，也可以作为支承体提供抗力。因此在设计取值时，应分清岩土体是作为荷载还是作为抗力，两者不得颠倒。

(3)标准值是设计参数的基本代表值，其他参数值均由此派生。荷载的标准值小于设计值，材料性能的标准值大于设计值。

(4)影响标准值质量的因素有样本质量、试验质量、操作方法、操作人员的水平等。

参考文献

[1] 梁炯鋆. 锚固与注浆技术手册[M]. 北京:中国电力出版社,1999.

[2]《工程地质手册》编委会. 工程地质手册[M]. 4 版. 北京:中国建筑工业出版社,2007.

[3] 齐明柱. 滑坡防治与边坡加固[D]. 北京:铁道科学研究院,2007.

[4] 李海光,等. 新型支挡结构设计与工程实例[M]. 北京:人民交通出版社,2004.

[5] 陈肇元,崔京浩. 土钉支护在基坑工程中的应用[M]. 北京:中国建筑工业出版社,2000.

[6] 欧阳仲春. 现代土工加筋技术[M]. 北京:人民交通出版社,1991.

[7] 洪毓康. 土质学与土力学[M]. 北京:人民交通出版社,1995.

[8] 徐至均. 软土地基和预压法地基处理[M]. 北京:机械工业出版社,2005.

[9] 兰青. 桩承加筋土垫层与拱膜理论[D]. 重庆:重庆交通学院,1997.

[10] 龚晓南. 地基处理手册[M]. 3 版. 北京:中国建筑工业出版社,2008.

[11] 河海大学,等. 交通土建软土地基工程手册[M]. 北京:人民交通出版社,2001.

[12] 袁锦根,余志武. 混凝土结构设计基本原理[M]. 北京:中国铁道出版社,2002.

[13] 匡志平,等. 人工硬壳层软土地基处理法的试验研究与理论分析[J]. 防灾减灾工程学报,2007,27(2).

[14] 顾宝和,等. 岩土工程设计安全度[M]. 北京:中国计划出版社,2009.

[15] 王振东,等. 混凝土结构设计规范设计方法[M]. 北京:地震出版社,1991.

[16] GB 50330—2002 建筑边坡工程技术规范[S]. 北京:中国建筑工业出版社,2002.

[17] TB 10025—2006 铁路路基支挡结构设计规范[S]. 北京:中国铁道出版社,2007.

[18] JGT D30—2004 公路路基设计规范[S]. 北京:人民交通出版社,2004.

[19] DB 50/5029—2004 地质灾害防治工程设计规范[S]. 重庆:重庆市建设委员会,2004.

[20] GB 50135—2006 高耸结构设计规范[S]. 北京:中国计划出版社,2007.

[21] GB/T 50283—1999 公路工程结构可靠度设计统一标准[S]. 北京:中国农业出版社,2010.

[22] JGJ 94—2008 建筑桩基技术规范[S]. 北京:中国建筑工业出版社,2008.

[23] TB 10002.5—2005 铁路桥涵地基和基础设计规范[S]. 北京:中国铁道出版社,2005.

[24] JTG D63—2007 公路桥涵地基与基础设计规范[S]. 北京:人民交通出版社,2007.
[25] SJG 01—2010 地基基础勘察设计规范[S]. 北京:中国建筑工业出版社,2010.
[26] JTS 147-1—2010 港口工程地基规范[S]. 北京:中国建筑工业出版社,2011.
[27] JGJ 79—2012 建筑地基处理技术规范[S]. 北京:中国建筑工业出版社,2013.